教练的智慧

生命我导演

黄俊华 著
卿珂 绘

北京联合出版公司
Beijing United Publishing Co.,Ltd.

图书在版编目（CIP）数据

教练的智慧：生命我导演/ 黄俊华著；卿珂绘. —北京：北京联合出版公司，2016.3（2023.6重印）
ISBN 978-7-5502-6784-8

Ⅰ. ①教… Ⅱ. ①黄…②卿… Ⅲ. ①企业管理－通俗读物 Ⅳ. ① F270-49

中国版本图书馆 CIP 数据核字（2015）第 313025 号

教练的智慧：生命我导演
作　　者：黄俊华
出 品 人：赵红仕
选题策划：北京时代光华图书有限公司
责任编辑：陈　昊　王　巍
特约编辑：太井玉
封面设计：新艺书文化
版式设计：曾　放

北京联合出版公司出版
（北京市西城区德外大街 83 号楼 9 层　100088
北京时代光华图书有限公司发行
北京雁林吉兆印刷有限公司印制　　新华书店经销
字数 134 千字　787 毫米 × 1092 毫米　1/16　13.5 印张
2016 年 3 月第 1 版　2023 年 6 月第 3 次印刷
ISBN 978-7-5502-6784-8
定价：49.80 元

版权所有，侵权必究
未经许可，不得以任何方式复制或抄袭本书部分或全部内容
本书若有质量问题，请与本社图书销售中心联系调换。电话：010-82894445

推荐序

随着经济的发展及在世界范围内影响力的提升，中国正逐渐步入世界经济强国之列。各种管理理念也开始在中国不断生根、发芽。

20年前引入中国的教练技术，作为当时在世界范围内领先且极具影响力的管理理念，曾被美国通用电气、福特汽车、联邦快递等大批知名企业效仿。

20年后的今天，教练技术已在中国“开枝散叶”，成为广泛应用于各领域的管理科学。2013年中国企业教练联合会的成立，以及国家人力资源和社会保障部“企业教练师”职业考核标准的设立，更是使教练技术在中国走上了标准化、专业化、职业化的道路。目前，全国企业教练联合会的会员单位已超过70家，全国年毕业生超过3万人。

企业教练师在中国的发展，要特别嘉许一批像黄俊华先生这样一直为整个行业默默付出的导师。黄俊华先生受聘成为中国企业教练师专家委员会委员，为国家人力资源和社会保障部第一套《企业教练师》职业技能鉴定教材的编写作出了重大贡献。

本书作为《教练的智慧》丛书的升级版，图文并茂地介绍了教练的智慧及生活、管理哲理。作者巧妙地在文中加入了教练小品和漫画，使得全书既通俗易懂又彰显出大智慧。相信本书必将会为教练技术的发展和教练文化的推广做出更大的贡献。

中国企业教练联合会会长
首信创智文化传播公司有限公司董事长　吴繁

自　序

第一本《教练的智慧》出版于2002年。

当时，教练技术在中国才刚刚兴起，还没有一本专门的著作可以让学习者作为参考。《教练的智慧》的出版恰好填补了这个空白，成为中国第一本介绍企业教练的书。由于颇受欢迎，后来又出版了《教练的智慧2》。此后，不断增添新的内容，最终结集为一套三本的系列图书。

自从中山大学出版社首次出版《教练的智慧》以来，已有四家出版社出版过这套书。此套书十多年来不断再版，可算是教练技术行业中的一套“长销书”。

后来，我在从事训练工作时，多次听到一些学员说：“我老早就看过你的《教练的智慧》。”还有一些企业教练行业的专业教练也告诉我：“我是看着你写的书成长的。”

原来，这套书已成为一座桥梁，将我和读者联结在一起。

也就是在2002年，我定下了一个人生目标：写十本关于教练文化的书。

我当时就有了一个愿景：等我老了，捧着自己的十本作品，厚厚的一摞，沉甸甸地在自己手中，那将是一件多么惬意的事啊！回顾人生，十本书也代表我没有白过啊。

从2002年到2012年，十年时间，我刚好出版了十本书。

如果当初没有设定这个目标，也许就没有今天的成果。这正应了那句话："只要有梦想，凡事可成真！"回首当年，令人感慨。写作的过程，其实也是我心智成熟和能力提升的过程，是我成为一个专业教练与训练导师的过程，也是我与同事、学员和同行们结缘的过程。

2014年，我创作了新版《教练的智慧》。它源于我这十多年来在教练实践中所受到的新启发和产生的新理解。相信这份努力会成为一座新的桥梁，联结我和你。

如今，企业教练已得到长足发展。企业教练不仅仅在企业中得到运用，也被广泛运用于众多大学与政府机构。

支持中国人成就企业及生活的梦想，这是企业教练的使命。

今天，离第一本《教练的智慧》出版已经十四年，这个使命依然没有改变！

黄俊华

十年十本书，人生不虚度

导读

为了帮助读者更好地运用这套书，特做以下说明：

一、这套书不是教练行业的专业教材，而是教练智慧的普及读物。

二、平常的管理注重解决问题，而教练的方式则注重觉察及超越制造问题的心智模式。

三、教练的智慧其实就是你自己的智慧。如果你自己没有智慧，教练是无法开启你的智慧的。

四、这套书是帮你找寻自身智慧的工具，真正对你生命有帮助的，不是别人的智慧，而是你自己的智慧。

五、想发挥本书更大的价值，需要你结合自己的生活与工作去领悟和续写。

六、建议与作者的另一套教练对话案例集《对话的艺术》配套阅读。

目 录

PART 1

我的生命我导演

从心成长 /003

独孤九剑与易筋经 /006

自以为是 /009

自以为非 /012

我已足够 /015

人为事根 /018

我是源头 /022

心的力量 /027

把握每一次 /033

PART 2

扫地中见天地

扫地心 /039

傲慢与卑慢 /042

起心动念　/045
马　虎　/048
沙僧的心态　/051
毒眼与慧眼　/055
反　击　/058
炫耀什么？　/061
泼水节　/065
紧张与教练　/070

PART 3

相约心灵绽放的美

幸福相馆　/075
生命密码　/078
群发的　/081
不仁与有义　/085
仁者无敌　/089
同舟共济　/092
赚钱与值钱　/095
考核谁？　/098
站着的　/101
学习与授权　/104

PART 4

解开爱的千千结

开悟的恋人 /109

值不值得 /112

情 理 /116

沟与通 /119

儿孙福 /122

话中话 /125

包容与包庇 /128

改变习惯 /131

感恩与嘉许 /133

温室的花朵 /136

PART 5

我愿读懂你的心

读 心 /141

请你倾听 /144

左手栏 /146

知彼解己 /149

换位思考 /152

语言的魅力 /154

最难沟通的人 /157

生活化教练 /160
教学相长 /162
有效发问 /165
性格的力量 /167

PART 6

掌舵梦想之船

反应与选择 /171
锁定目标 /174
功课与练习 /176
习与惯 /179
人生跷跷板 /182
陪与赔 /185
南辕为何北辙？ /188
承诺与恐惧 /192
救火老板 /194
直接与委婉 /197

后　记 /200

PART 1

我的生命我导演

每个人都是自己生命的导演：书写自己的历史，把握每一个现在，勾画未来的蓝图。同时，也自己决定如何支配时间，选择怎样的工作，组成怎样的家庭，跟什么样的人一起生活，交往怎样的朋友。

而我们的起心动念是导演背后真正的导演——心在幕后的运作主宰了台前的喜怒哀乐、悲欢离合。

我们每一天的生活，都充满了无限精彩的可能性。导演得多精彩，生命就有多精彩。

谁能把握心的方向，谁就是最佳导演。

人生的大片，用心导演。

从心成长

请你“内看自己”。

你发现了自己的哪些方面？

你是否留意到自己的表现？

你要为此负什么责任？

我们常常听到教练以上的说法。

一开始，许多被教练者很不理解：在教练眼中，好像什么事情都是自己的错。后来，有人开始领悟到，这就是教练帮助自己的方式。

其实，教练的做法是在帮助你回归责任中心。责任与荣誉是同一枚硬币的两面：谁负责，谁享受荣誉；谁反省，谁就成长，就会具备成就目标的能力而最终受益。

这样，才能拿回生命的主导权。

人生的困扰往往来自自己，而真正解决这些困扰的答案也来自自己。

电视剧《康熙王朝》中孝庄对康熙说：“孙儿，大清国最大的危机不在外面的千军万马，最大的危机，在你自己的内心。”

内在足够强大，就无惧外面的千军万马。

有一句话说得好：当你的心中没有敌对的声音，再多外在的敌人都无法伤害到你。

反省，就是向内看。

能看清内在的自己，就能看清外在的万事万物；能降服心中的敌人，就能战胜外面的千军万马。

教练是一面镜子，与教练对话，实际上是与镜子中的自己对话。能够有效地与自己对话，就能有效地与他人对话，与整个世界对话。

教练，通过影响内在的对话而重塑生命。

教练，就是一趟向内发现的旅程

独孤九剑与易筋经

有一位学员在参加完一场训练后，分享说:“我原来是想来学‘独孤九剑’，没想到这里是学‘易筋经’的。”

这句话在说什么呢？就是在说学“术”与学“道”。

“我原来是想来学‘独孤九剑’”，这句话的意思是“我想学一些方法，而且这些方法是用来战胜别人的”。

“没想到这里是学‘易筋经’的”，这句话则是说“原来这里的学习是关于从内在改变自己的”。

“独孤九剑”——英雄征服天下。

“易筋经”——圣人征服自己。

有一次，一位学员跟教练分享他学了很多的方法，但还是解决不了生活中的问题，而且问题好像越发严重了。

教练回应他说：你认为生活的问题是外面的原因，所以不断学方法，以为方法多了就可以解决问题。但实际上，问题可能出在你自己身上，你自己不调整，问题就不会真正解决。这个情况就像你不断奔波于各个课堂，去强大自己的武器库，但是你自己本身并不强大，所以再强大的武器库也解决不了真正的问题。

我们常以为问题在外面，所以想要解决外面的问题。

但很多时候我们需要做的是避免自己成为问题。

我们自己 OK 了，世界就会 OK。

解决外面的问题，是在学“术”；避免自己成为问题，是在修“道”。

好的领导者道术兼修，以道驭术。

道术兼修，以道驭术

自以为是

某饮料公司派往中东开拓市场的销售员垂头丧气地回来了。销售员解释说："我制作海报时非常自信，那里的人不知道我们的饮料，我以为能够轻松占领市场。但我不会讲阿拉伯语，于是用三幅画介绍我们的饮料。第一幅画是一个人在沙漠上爬行，气喘吁吁；第二幅画是那人在喝饮料；第三幅画是那人精神焕发。制作好海报后，我就四处张贴。"

"应该很有效果才是。"

"唉，没想到阿拉伯人看书是从右往左看的！"

从右往左或从左往右，代表不同的习惯和标准。总以自己的习惯和标准来行事，就容易落得上面的销售员的结果。

“自以为是”就是总以为自己是对的，所以屏蔽了其他的声音，也就屏蔽了其他的可能性。你以为“是”的事物，也许别人以为“非”；反过来，你以为“非”的事物，可能别人以为“是”。

别人的看法跟你不一样只是不一样而已，并不代表别人的看法就不对。大家只是从不同角度看问题而已。

类似的成语还有“刚愎自用”“故步自封”“固执己见”等等。

注意，这些成语都带有“自”或“己”字。

所以，“刚愎”是自作自受的，“步履”是自固自封的。我们以为是“是”的真理，其实可能只是我们为自己造出的一座无形的“监牢”，困住了我们的思想。

加措活佛说得好：

> 人之所以犯错，
> 不是因为他们什么都不懂，
> 而是因为他们自以为到什么都懂。

爱自以为是的猪

自以为非

有的人总以为自己什么都是对的。

相反，有的人总以为自己什么都不对。

阿华是美容院的销售培训师，他跟教练说自己没自信，总觉得自己不行。

教练说："你不行别人为什么聘请你做培训？"

阿华："我其实也没做太多培训，主要是做销售。"

教练："那么，为什么请你去做销售？"

阿华："我比较有经验，但我确实不行。"

教练："你有没有发现，我不断启发你看自己'行'的一面，你就是不断告诉我你不行？好吧，我同意你的说法，我也觉得你不行了，你满意吗？”

阿华：“不满意。”

教练：“那你想怎么样？”

阿华：“我想成为你那样的人，我能像你这么优秀就好了。”

教练：“谢谢你的肯定！可是，连我这么‘优秀’的人说你行你还是不相信啊！”

阿华：“我相信！我明白了！”

自己看不到的自己的缺点是盲点；

自己看不到的自己的优点也是盲点。

还有的人误解了迁善的概念，以为什么都要听别人的。否则，可能自己就太过自以为是了。

这样不叫迁善，而叫迁就。

这是从一个极端跑到另一个极端。这种自以为非，其实是另一种形式的自以为是。

太过于在乎自己，把自己看得太大，把别人看得太小，你的自我就会成为你跟别人相处的干扰；反过来，太过于在乎别人，把别人看得太大把自己看得太小，别人就会成为你活出真我的干扰。

其实，大家是一样大的。你是重要的，别人也是重要的。大家同等重要。

那么到底是听自己的，还是听别人的呢？

就看听谁的对目标有帮助。

所以，归根到底，听你的目标的。

放开顾虑，活出真我

我已足够

阿山很不开心地对教练说："教练，我最近工作遇到问题。"

教练："什么问题？"

阿山："业绩不理想。"

教练："怎么不理想？"

阿山："刚好达标，本来我想超标的。"

教练："超标固然好，达标也不错啊。"

阿山："我自己不满意。"

教练："你是不懂得欣赏自己的成绩。"

阿山："那我不需要不断进取吗？"

教练："不是你不要进取，而是你用什么心态去进取。是用'我已足够'，还是'我不足够'呢？"

阿山："这有什么不同呢？"

教练："你有没有发现，当你觉得自己不足够的时候，你是不开心的。这样对做事有什么影响呢？"

阿山："会打击自己，做事没动力。"

教练："如果换成'我已足够，但还可以更好'的心态呢？"

阿山："会比较开心，也会更有动力。我明白了，我要先接纳自己已有的成果，再超越自己。"

人们在激励别人要做得更好的时候，常常会说："好是更好的敌人！"意思是满足于现有的优秀，就很难到达卓越的位置。

然而，有时候我们的激励可能要换成"更好是好的敌人"。总是不接纳、欣赏自己，也会成为某些人进步的障碍。

先找到自我价值，再发挥更大价值！

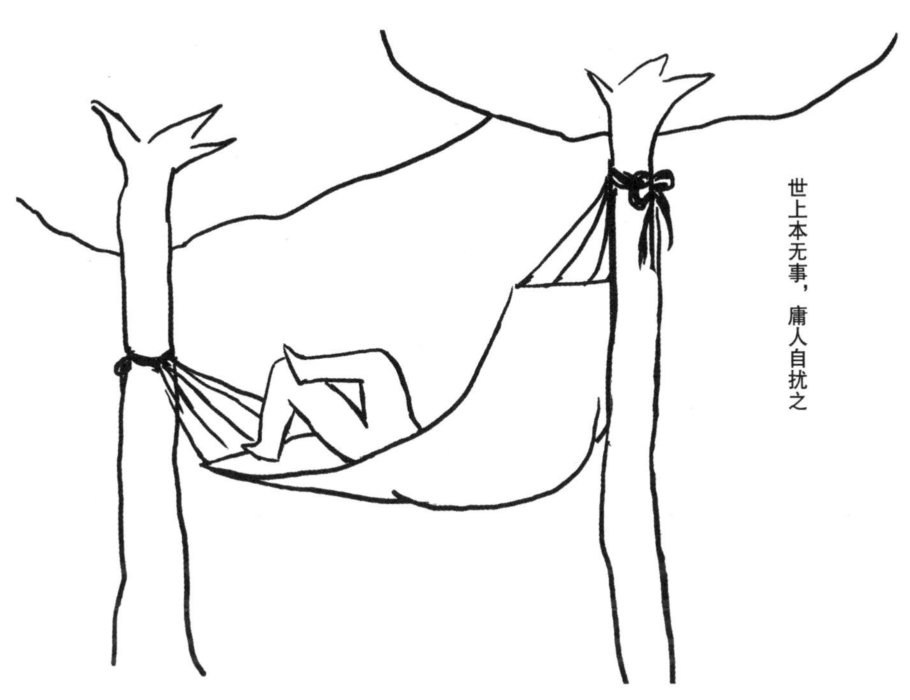
世上本无事，庸人自扰之

人为事根

一

我们都懂得这样一个道理：先做人，后做事。人做好了，事也就自然有所成就。

成功者之所以成功，在于做人的成功；失败者之所以失败，在于做人的失败。“人”字只有一撇一捺，书写简单，却是一门很大的学问。

我认识一位潮汕的企业家，小学没毕业，文凭不高，但是企业做得非常成功。究其原因，就是会做人。首先，他工作很勤奋。他的下属对我说，他每天都是第一个到办公室的。这是一个企业家的敬业精神，也给下属做了很好的表率。第二，他为人大气。因为胸中有理想，眼睛看着大目标，就没工夫在小利益上计较。第三，他对人殷勤、仗义。过年过节问候关心很讲礼节，关键时候也愿意帮忙，愿意付出。他的事业成功可以说是必然。当然，他还有很多其他的优点，比如对商业的敏锐洞察力、判断力，整合和运用资源的能力，等等。他把自己的人生总结为三句话：生必感恩，活出价值，死而无憾。

人是根，事是果。树根茁壮‘枝头才能结出硕果。所以，我们每天浇水要浇在根部，而不是果实上。我们每天眼睛只是盯着钱’往往赚不了最多的钱。把自己打造好了，钱自然会来。

有智慧的人说：“财富是我们自然吸引来的，不是刻意追求来的。”

二

企业与人的关系就如船与乘客的关系。

在驶往目标彼岸的航行中，你与什么人同行很重要。试想，本来你想要一帮志同道合的人，却误招来一帮小偷或是强盗，后果会如何？

按照《从优秀到卓越》中的说法，第五代领导者的首要任务就是要选对人。

选对人，事半功倍；选错人，后患无穷。

现在很多企业管理者已经觉醒，在招聘人时不是简单地以专业技能作为唯一选择条件，还会观察对方的团队精神、工作心态、忠诚度等；不仅注重智商，也开始注重情商甚至德商。

用利益吸引来的往往是追求利益者，用理想吸引来的往往是追求理想者。不可否认，利益在短期内是很有作用的；而决定我们能一起走多远的，往往看是否有共同的理想。

更重要的是，垃圾吸引苍蝇，花朵吸引蜜蜂。你自己是什么人，往往就能吸引什么人。这是人际交往中的吸引力法则。

三

我们做事是为了成就人本身，而不是通过牺牲人去成就一件事。所以很多人都领悟到，为了赚钱而牺牲健康是一件挺傻的事。以此类推，牺牲品德、牺牲家庭、牺牲环境来成就事业同样是挺傻的事。

真正的成功是全面的、平衡的成功。

不久前，一位全国知名的训练公司老总跟我分享了这几年他的成长心路历程，他说："以前我以为活着是为了成就一项伟大的事业，现在我知道了，成就伟大的事业是为了活得更好。"

这个道理看似简单，却内涵丰富。这位老总很善于演讲，经常在一些场面宏大的舞台上口若悬河地做各种演讲。我相信，如果不是他在商场和人生中历经沧桑，心有所悟，不会专门跟我分享这样质朴的道理。

我是源头

一

人是事的根，是事情的决定性因素。而在所有的人当中，有一个人非常关键：就是每个人自己。

“先做人”是指自己先要学会做人，而不是总期待别人会做人。

在训练中，我们常分享一个玫瑰园理论：世界上不会有真正属于你的玫瑰园，除非你愿意亲手去种玫瑰。

同样，世界上不会有让你满意的团队，除非你愿意亲手去打造；世界上不会有如你所愿的家庭，除非你愿意主动去经营；也不会有让你喜欢的客户、行业乃至商业环境，除非你愿意自己动手去创造。

有一次，一位教练对学员说："找不到靠山，就让自己成为山。"

比喻不同，这是玫瑰园理论的另一种表达。

没有一个人来到世上是专门为你种玫瑰花的，你想要闻玫瑰花香，请你亲自播种、浇水、施肥。

你是自己生命玫瑰园中的真正园丁。

二

一个男孩跟父亲进山，不小心跌倒了，他哭了起来，"哇呜……"，从山中也传出"哇呜……"的声音。男孩生气地问道："你是谁？"山中回应的也是："你是谁？"男孩更加生气："神经病！"得到的回答也是"神经病"。

父亲笑笑对儿子说："孩子，注意听哦。"父亲大喊一声："你好。"结果传出另一个声音："你好。"父亲再喊一声："你真棒！"另一个声音也说："你真棒！"

父亲对儿子说："你看，你怎么对它，它就会怎么对你。"

其实，生活是我们心灵的投射，世界就是一块巨大的回音壁——你怎么对待它，它就怎么回应你。

曼德拉说：你若光明，这世界就不会黑暗；你若心怀希望，这世界就不会彻底绝望。

你若播种玫瑰，你就活在玫瑰园中，享受玫瑰花香；你若播种荆棘，你就活在荆棘地里，处处受伤。

三

在英国威斯敏斯特教堂，有一块墓碑上面刻着这样一段话：

当我年轻的时候，我的想象力从没有受到限制，梦想改变这个世界。

当我成熟以后，我发现我不能够改变这个世界，我将目光缩短了些，决定只改变我的国家。

当我进入暮年以后，我发现我不能够改变我的国家，我决定只改变我的家庭、我亲近的人，但是，唉！他们根本不接受改变。

现在我临终之际，我才突然意识到：如果起初我只改变自己，接着我就可以依次改变我的家人。然后，在他们的激发和鼓励下，我也许就能改变我的国家，再接下来，谁知道呢？也许我连整个世界都可以改变。

这个墓志铭正符合儒家经典《礼记·大学》中的精要：修身齐家治国平天下。

用今天的话来说，就是自己修为好了，才能经营出幸福的家庭、卓越的企业，并且建设出美好的生活环境。一个人好了，可以影响一个家变好；一个家变好了，可以影响一个社区变好；一个社区变好，可以影响整个社会变好。

古圣先贤说：“事有不达，反求诸已。”今天，教练们常说，我”是一切的根源。

如果你是盲人，你很难带给别人光明；如果你是囚徒，你也很难带给别人自由。一位同行说：“看见自己内心的花朵，才能够看见别人心中的花朵。一个有能力自我教练的人，才能教练别人。”

我是源头，从我做起，改变世界从改变自己开始。

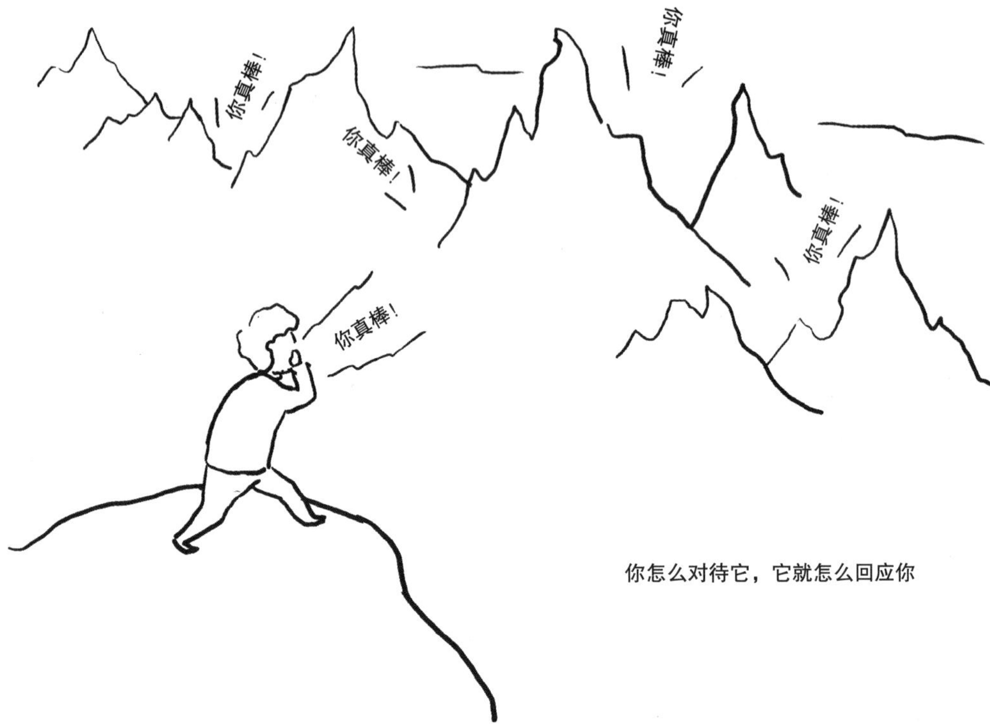

你怎么对待它，它就怎么回应你

心的力量

一

一提起《西游记》，大家自然会想到火眼金睛、七十二变的美猴王孙悟空。但是美猴王大闹天宫的本事是从哪里学来的呢？是跟随须菩提祖师学来的。

须菩提祖师家住何处？且看《西游记》中这一段内容：

> 猴王道："据你说起来，乃是一个行孝的君子，向后必有好处。但望你指与我那神仙住处，却好拜访去也。"樵夫道："不远，不远。此山叫做灵台方寸山。山中有座斜月三星洞。那洞中有一个神仙，称名须菩

提祖师。那祖师出去的徒弟，也不计其数，见今还有三四十人从他修行。你顺那条小路儿，向南行七八里远近，即是他家了。”

这“灵台方寸山、斜月三星洞”是什么？就是“心”。

我们灵动的“心”不在别处，就在方寸之间，这个容易理解。而“斜月三星”是象形，“斜月”即是“心”的一钩，“三星”即是“心”字的三点。

所以，须菩提祖师的居处乃是“心”也。

优秀的专业教练就如孙悟空，练就了一双“火眼金睛”，也叫作洞察力——善于洞悉人心、看透人心；同时还练就“七十二变”的本领，那就是“迁善”——为了目标而调整心态，当下转身，愿意放下固化的那个“我”去探寻七十二种乃至更多的可能性！

心，就是所有这些本领的来源。

二

《当下的力量》中有这样一个故事。

曾经，有一个乞丐在路边坐了三十多年。

一天，一个陌生人经过。

这个乞丐机械地举起他的旧棒球帽，喃喃地说："给点儿吧。"

陌生人说："我没有任何东西可以给你。"

然后他问："你坐着的是什么？"

乞丐回答说："什么都没有，只是一个旧箱子而已。自从我有记忆以来，我就一直坐在它上面。"

陌生人问："你曾经打开过箱子吗？"

"没有。"乞丐说，"有什么用？里面什么都没有。"

陌生人坚持："打开箱子看一看。"

乞丐试着打开箱子。这时令人意想不到的事情发生了，乞丐充满了惊奇与狂喜：箱子里装满了金子。

作者总结说：那些没有找到他们真正财富的人就是故事中的那个乞丐。即便已经拥有很多物质上的财富，他们依然在四处寻找快乐、成就、安全或爱情的残余。他们不知道，自己不仅已经拥有了所有这些东西，还拥有了比这些更为珍贵的东西。

教练犹如那个陌生人一样——"没有任何东西给你"，但却能让你发现你自己原来就拥有的宝贝。

三

或许你觉得上述故事只是作者的一个比喻。其实，现实生活中真有这样的例子。

加拿大《多伦多日报》曾刊登过一条轰动一时的新闻：身家过万美元的老乞丐死了！

这条新闻迅速成为人们茶余饭后的话题。

新闻中所说的老乞丐，每天在街头行乞或者拾捡一些别人丢弃不要的东西，然后带回自己那间破烂不堪的居所。人们基于同情，往往都会给他几个硬币。在当地人的眼里，他只不过是一个不名一文的穷乞丐罢了。

二战过后不久，这个老乞丐病死了。由于他没有什么亲朋好友，警察前来处理善后事宜。不料，警察竟在他的木屋内发现了总值超过一万美元的硬币及旧钱！

许多人知道后，都不约而同地问：为什么老乞丐不利用这些钱，过上好日子呢？

有时候，我们的做法也像这个老乞丐，心里总是患不足，总是向外去乞讨：乞讨感情、乞讨认可、乞讨爱、乞讨名和利。

四

一位修道的朋友跟我分享了重阳宫的一些奇异的字。这些字在字典中都是没有的，是一些由多个字合在一起的复合字。其中一个字是由“自”“家”“宝”三个字组合成的。修道的朋友从养生健康的角度说，每个人自身都有大药。他说，这里面有修行的大秘密。

确实，每个人都有“自家宝”，都有内在的取之不尽、用之不竭的宝藏。

教练就是助你发现自身宝藏的人。

教练对话的过程，就是帮助被教练者向内发现的过程。解铃还须系铃人，寻宝还须藏宝人——教练通过开启对方的智慧，来帮助对方找到问题的解决之道。

教练说，信念决定行为，行为决定成果。换个说法就是，“我”是一切结果的根源，心是每一个“我”的根源。

心灵的成就才是真正的成就。这就是我将《教练的智慧》系列图书中的一本命名为《成就每颗心》的原因。

所有外在的成就其实都是源于心灵的成就。

所有外在的成就其实都是为了心灵的成就。

成长，从心开始；

教练，以心为本。

宝藏就在你心中

把握每一次

有一个营销主管要主持某个训练项目。训练开始前，她跟教练汇报她对这个训练的安排和想法。在汇报结束的时候，她跟教练说："我这是第一次做项目，如果做得不好，请多包涵。"

教练听出她话语中的潜台词：第一次可以成为做不好的理由。于是就对她说："你还没有开始做就已经预测自己做不好了。"

营销主管说："可我以前真没做过啊！"

教练就问她："你在生第一个孩子之前有没有生过孩子？"

营销主管回答："没有。"

教练继续问她："那你会不会说，我以前没生过，肯定生不了？"

营销主管说："这倒不会。"

教练又说："这是第一次，不过，如果你做得不好，也可能成为你的最后一次！”

教练的做法是把营销主管预先就准备好的退路封死，让她只有一个选择：没有借口地把事情做好！

有人说，人生没有彩排，每天都是现场直播。

有时我们会为自己做不好准备各式各样、合情合理的理由。确实，第一次做事有可能欠缺经验，但不代表必然做不好。

与其把精力早早就放在为自己铺排退路上，还不如扭转方向，看看可以怎样杀出一条前进的道路。毕竟，进攻需要付出进攻的代价，而逃跑也同样要为逃跑埋单。

第一次也可以成功

PART 2

扫地中见天地

扫地是弯腰，是以谦卑、感恩的心面对万物。

扫地是亲近大地，学习大地的坚韧和包容。

扫地，扫地，扫心地。

扫除外在的垃圾，净化心中的天地。

扫地心

一位企业教练二阶段的导师学徒，过去的生活十分优越。所以刚开始做学徒时，师父让他连续三个月做清洁工的助手。以此让他降服自己那份骄傲——否则他成为导师后，很可能只是站在台上训斥学员，而缺乏服务之心。

以前的很多师父在传艺给学徒之前都会有一个“磨性”的过程，让对方去烧水做饭、扫地砍柴。目的一样，也是为了降服对方的贡高我慢。

所以，扫地做饭都是训练。

金庸先生的《天龙八部》中有一个让人印象深刻的人物，就是少林寺藏经阁的扫地僧。有人评说这是金庸小说中武功最高的人物。

扫地僧武功深不可测，却化非凡为平凡、藏神通于普通，在日复一日的扫地中修为自己。

所以，越是真正的高手就越是低调。这就是人们常说的真人不露相。

作为教练或训练师,也要向“扫地僧”学习一颗“扫地心”。越是具备能力就越是要警惕自身的骄傲和新的自以为是——企业教练是帮我们打破框框的，不要将企业教练变成一个新的框框。

我们每一天的每一个相遇都是学习，都是“看见”与“被看见”的练习；每一次沟通都需要专注，都需要“听”与“说”的艺术；每一个想法都具有能量，都会影响深远；每一个人都是一个小宇宙，所以每一次互动都能产生各种火花。

保持一颗“扫地心”，才不离生活与学习的根本，才能最终成就“扫地僧”的绝世武功和慈悲境界——在扫地中见天地，见众生，见自己。

扫地做饭都是训练

傲慢与卑慢

在一次教练对话中，一位电商有好几次都很着急地打断教练的话。

教练：“我可否给你一个直接的反馈？”

电商：“可以啊。”

教练：“你很喜欢打断别人说话。刚才的对话中，你连续多次打断我说话了。”

电商：“是的，我平时也有这种习惯。”

教练：“总打断别人说话的原因是什么？”

电商：“只想自己说，不想听别人的。”

教练：“这是否可以说你是很“满”的呢？”

电商：“可我生性就着急，我也知道这样不好，但我改不掉啊。”

教练:“如果是马云在跟你对话，你也打断他吗?”

电商:“也会，这是我的性格。我是不惧权威的。”

教练:“如果是国家主席跟你说话，你也会打断他吗?”

电商:“这就不会了，这个权威的分量太不同了。”

教练:“所以你不是不怕权威，而是要看是怎样的权威；你不是不能好好听别人讲话，而是要看你愿不愿意。”

电商:“你说得有道理。”

教练:“就像你拿着一只装满水的杯子，要别人往里倒水，别人会倒吗?”

电商:“不会!”

教练:“你怎样才能接收到别人的水?”

电商:“应该要把自己的水倒掉一点。嗯，看来我确实要注意这方面，我会好好留意自己的聆听。谢谢!”!

这位电商在不愿聆听别人说话时表现出来的是一种“傲慢”,而在对待改变自己的缺点时,表现出来的却是一种“卑慢”。“傲慢”是一种“满”的表现,“卑慢”是另一种“满”的表现。

一旦掉入“卑慢”中，我们就认定自己做不到、改不了。其实这也是一种自以为是，是对自我的负面固定看法。

“傲慢”让人不可一世,“卑慢”让人破罐子破摔。

教练的对话，既要打破“傲慢”，也要打破“卑慢”。

小杯换大杯，装进更多水

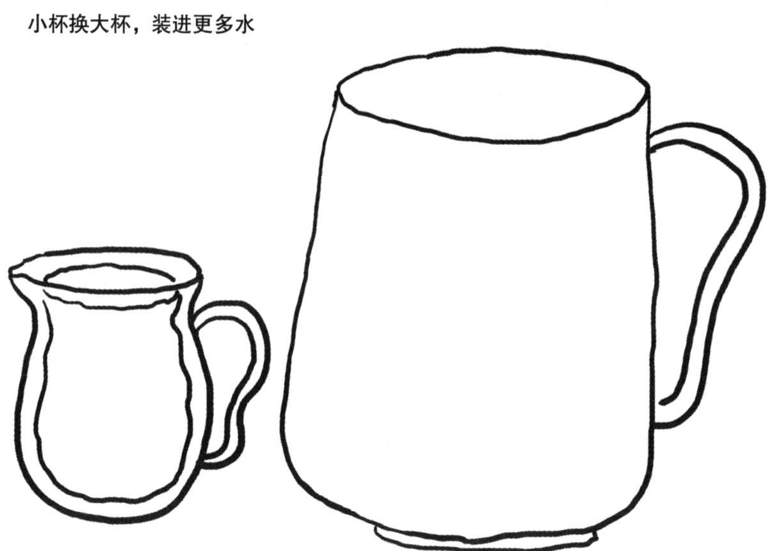

起心动念

海上之人有好沤鸟者，每旦之海上，从沤鸟游。沤鸟之至者，百住而不止。其父曰："吾闻沤鸟皆从汝游，汝取来，吾玩之。"明日之海上，沤鸟舞而不下也。故曰：至言去言，至为无为；齐智之所知，则浅矣。

——《列子》

这段话大概的意思是：海边有个喜欢海鸥的人，每天早晨到海上去，跟海鸥玩耍。和他一起玩的海鸥，有上百只以上。他父亲说："我听说海鸥都喜欢跟你一起玩，你抓一只来给我玩。"第二天他来到海上，海鸥都在空中飞翔而不下来。所以说：最好的语言是没有语言，最高的作为是没有作为。同别人比试智慧的想法，那是很浅陋的。

这个故事说的是起心动念的问题。

我们内在的起心动念别人是可以感受到的。喜欢海鸥的人的杀心一起，鸟儿就感觉到了。

在教练的过程中，我们强调动机也就是出发点的重要性。

出发点，简称“因”。

我们来研究一下“因”字的结构。因，是一个“国字框”加上一个“大”字。

这个构造代表什么意思呢？因，就是种子。种子在框框中。关键在于这个框框中的“大”，意思是别看这颗种子今天很小，但是蕴含着可以变得很“大”的因子。只要条件成熟，小小种子就能长成参天大树。

正所谓，如能引得西江水，他日成龙也未知。

三国时的刘备曾说：勿以善小而不为，勿以恶小而为之。

无论多小的“因”，都是一个会成长的“因”。我们要能够看到，一颗种子蕴含着大树乃至森林。

所以，凡夫畏果，菩萨畏因。

我们沿途会看到什么样的风景，最终会到达怎样的目的地，在我们出发的时候就已经决定了！

今日小种子，他朝大果实

马　虎

一位生产主管总是在工作中有不应该的疏忽，犯一些低级错误。每次事情发生时他自己也很后悔，但又总是避免不了。

于是教练跟他进行了对话。

教练："为什么总是出现这样的情况呢？"

生产主管："可能是我这个人太马虎了。"

教练："你有没有做事细心的时候？"

生产主管："也有。有些事我还是可以做得很细致的？"

教练做出区分："你是否留意到，如果真的是因为你太马虎的话，那你应该在所有的事情上都马虎才对啊，但为什么有的事你可以做得好呢？"

生产主管也意识到了："是的，我没这样想过。"

教练："这说明其实是你对那些疏漏的事情重视程度不够——你认为重要、很难的事情就会很重视，所以能考虑得很周全；你认为不重要、很简单的事，重视程度就不够，所以常常有疏忽。"

生产主管："对，我明白，根源是我轻视了那些工作，觉得那些工作很简单，我随随便便就应该可以做好，所以反而出现了纰漏。"

教练："看似简单的工作却总是出现纰漏说明什么？"

生产主管："说明这些工作其实并不简单，要做好其实也不容易。"

教练："做好这些所谓的'简单'的工作，对你有什么价值？"

生产主管："大家会觉得我做事可靠，会更信赖我，我自己的能力也会得到提升！"

经过这次教练，这个生产主管调整了心态，情况果然有了很大不同。

没有马虎的人，只有马虎的事。做了一件马虎的事，并不代表这个人就是马虎的人。

马虎的心态导致马虎的结果。

转变心态，就能转变状态，最后就能转变事态！

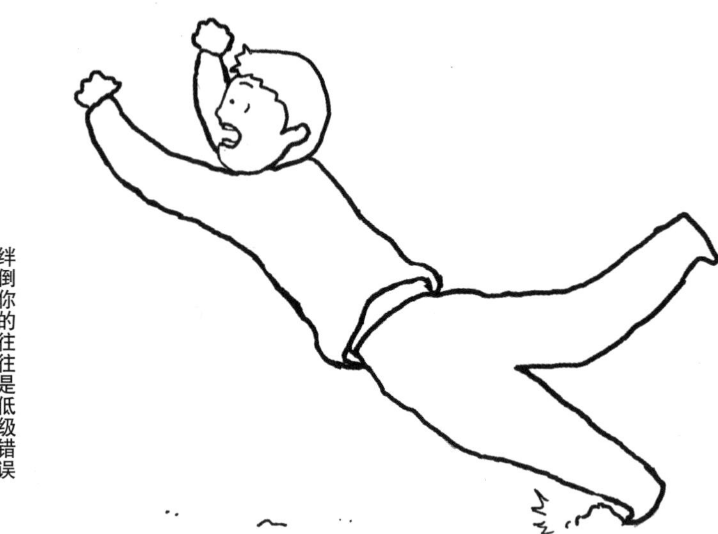

绊倒你的往往是低级错误

沙僧的心态

大师兄，师父被妖怪抓走了！

二师兄，师父被妖怪抓走了！

大师兄，二师兄被妖怪抓走了！

大师兄，师父和二师兄都被妖怪抓走了！

这是一个很流行的幽默段子。

我们现在从教练的角度来分析沙僧说的这些话背后的心态。

1. 认定碰到妖怪时只有大师兄和二师兄才能解决，尤其是大师兄才能解决；

2. 认定自己是解决不掉妖怪的；

3. 认为过去依靠了大师兄、二师兄就永远都要依靠他们。

当沙僧抱着这样的心态时，毫不意外地就常常扮演传话人的角色。

艺术是现实的镜子！在我们的团队里也有很多类似沙僧的人物，处处依赖老板或上司。且听听这样的话语：

老板，客户被同行抢走了！

老板，员工被同行挖走了！

老板，市场被同行占领了！

老板，客户和员工都被同行挖走了！

老板就是现实中的“孙悟空”，工作的困难就是现实的“妖怪”，而说这些话的人就是现实中的“沙僧”！

那么，我们该怎么教练沙僧式的员工呢？下面我就以教练常见的方式做一个演示。

发问：

你是否认为只有大师兄或二师兄才能解决妖怪呢？

你是否认定自己没能力解决妖怪呢？

有什么证据显示你不能解决妖怪呢？（你有跟妖怪过招吗？）

从每一次打不赢妖怪中你学到了什么？

你要从大师兄身上学到什么才能解决妖怪？

往西天这一路上你是否有向大师兄或二师兄学习他们的长处呢？

你以前有没有过解决妖怪的经验呢？

除了当传话人，你还可以做什么呢？

如果从来没有大师兄或二师兄，你会怎么办呢？

激励：

你也是堂堂天庭卷帘大将，难道连跟妖怪过招的资格都没有吗？

在流沙河你不是也跟悟空、八戒打得挺欢的吗？

相信大师兄、二师兄是件好事，不过你也可以相信自己哦！

区分：

是否你只是做妖怪才有能力，做了和尚就没能力了呢？

其实，内心中那些根深蒂固觉得自己无能的对话，才是我们要战胜的最凶险的“妖怪”！

师兄，师父被妖怪抓走了

毒眼与慧眼

1968年，哈佛大学心理学家罗森塔尔来到一所小学，给各年级的学生做语言能力和推理能力的测验，测完之后，他选出20%的学生，告诉他们的老师说这些孩子很有潜力，将来可能比其他学生更有出息。8个月后，罗森塔尔再次来到这所学校。奇迹出现了，他指定的那20%的学生成绩有了显著提高。其实，那些孩子只是罗森塔尔随机挑选的。不过这个谎言对老师产生了心理暗示，左右了老师对名单上学生的评价，老师又将这一心理通过情感、语言和行为传导给了学生，使学生强烈地感受到老师的热爱和期望，从而使各方面得到很大的进步。

这就是在教育界很有名的罗森塔尔效应。

有人通俗地总结这个效应：

说你行，你就行，不行也行；

说你不行，你就不行，行也不行。

横批：不服不行。

说你不行你就不行，人们的眼光会把人看死——因为每个人都有一双毒眼。

说你行你就行，人们的眼光也可以把人看活——因为每个人也都有一双慧眼。

作为教练，内心是有一个假设的：相信每个人都是愿意向善、愿意上进的。

那么这样会不会唯心呢？

从教练的角度区分：相信每个人都是好人，不等于每个人都会做一个好人应该做的事。除非你肯做一些事情，令他们做好人应该做的事。

学习教练，就是要学习把“毒眼”变成“慧眼”！

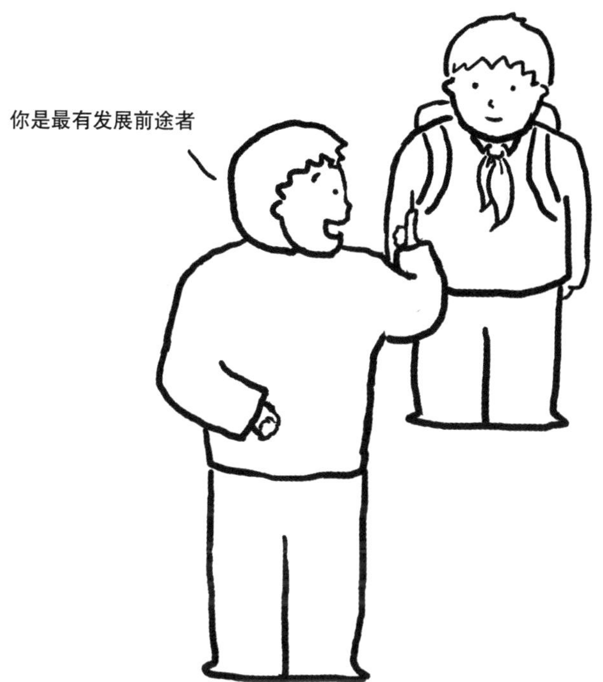
你是最有发展前途者

反　击

在一次工作坊中，教练和一位学员进行了对话。这位学员说话比较啰唆而且没有条理，下面的同学已经感觉到乏味了，教练把这一现象反映给了学员。

教练："你看，在你说话的时候，下面的同学已经交头接耳、不听你说话了。"

学员："这能说明什么？"

教练："这说明他们对你的话已经不感兴趣了。"

学员："那你刚才讲课的时候下面的人还有打瞌睡的，那是不是也说明他们对你也不感兴趣？"

教练："你很喜欢反击人家啊！"

学员：“有一点吧。”

教练：“如果现实生活中你用这种方式对待别人，别人早就闭嘴了——别人还敢指出你的缺点吗？”

学员：“我身边的人都说我的优点。”

教练：“我猜那些敢于说你缺点的人在你身边存活不下来！”

学员：（沉默）“是这样的，你说得对。”

教练：“就像刚才一样，我只是想帮助你提升自己，你反而不接受。”

学员：“我也不是不接受，只是说出了我的想法。”

教练：“你想表达的只是把我拉下水，证明我也不好。”

学员：“是。”

教练：“你可以否定我——如果这能帮你进步的话。问题是你证明我不好了之后，你就学到东西了吗？”

学员：“学不到。”

教练：“你来是为了否定我还是学习呢？”

学员：“是来学习的。我明白了。”

你生气，是因为自己不够大度；你郁闷，是因为自己不够豁达；你焦虑，是因为自己不够从容；你悲伤，是因为自己不够阳光；你惆怅，是因为自己不够优秀……凡此种种，每一个烦恼的根源都在自己这里。

上面这段话是朋友跟我分享的短信。其实，所有不如意的事都是上天呈现给我们的反省机会。

反击别人不一定能帮助自己。

反省自己却有机会影响别人。

放下反击，开始反省

炫耀什么?

一

在一次训练中，一位学员到台上跟教练对话。

他分享说:“教练，我很苦恼。”

教练就问他:“你苦恼什么?”

他说:“我的目标太容易达到了。一开始创业，我的目标是赚到十万元，结果很快就实现了。接着，我就给自己定下要赚一百万元的目标，结果没过多久又做到了。然后我给自己挑战，要赚到一千万元，没想到很快又做到了。我觉得太没意思了。”

教练看了他一眼，对台下的学员说:“这个人在炫耀。”

那个学员不承认。

教练于是问下面的其他学员："有谁想享受他这种苦恼的？"

结果下面的学员全举起手。

那个台上的学员也不好意思地笑了，承认自己是在炫耀。

教练不仅听学员表面的语言，更洞察到他说话的动机，所以能直指其心。

二

以前有一个同事，也很喜欢炫耀自己，每次做出一点成绩都会在总结会上炫耀一番。别的同事很受不了她这样，就回应她太过炫耀自己了。

这个同事不接受大家的回应，反而解释："我没有炫耀啊。"大家明明看到她在炫耀，而且炫耀完还不承认，所以就不接纳她。

后来，有好一阵子，这个同事不再炫耀了，但她又觉得很压抑自己。

有一次，她开总结会时就跟同事说："大家给我两分钟炫耀一下吧。"

当她说这话的时候，大家反而觉得她够坦诚，也就能够包容她的炫耀了。

这里的区别在于：前者是不觉察的炫耀，后者是觉察的炫耀。

三

阿富："教练，我喜欢炫耀。"

教练："炫耀什么？"

阿富："炫耀我的销售能力。我做到业绩就喜欢跟同事炫耀。"

教练："他们有什么反应？"

阿富："他们好像不是很欣赏。"

教练："原因呢？"

阿富："我是他们的上司，可能他们觉得我做到是应该的。"

教练："哦，你原来是在跟下属比成就。"

阿富："是的。我喜欢被认可，喜欢炫耀，这是不是有问题？"

教练："炫耀其实没问题，你如果喜欢的话，可以尽情炫耀！"

阿富："教练，真的吗？你是第一个这样跟我说的人，别人都劝我低调点，可我就是喜欢炫耀。"

教练："是的，你是可以炫耀的，但是炫耀的层次可不可以高一点？"

阿富："教练，这是什么意思？"

教练："你现在是在炫耀一个销售员的能力，你能否炫耀一个领导者的能力呢？"

阿富："你的意思是？"

教练："你现在已经是个将军了，你可以炫耀将军该炫耀的，无须再炫耀士兵该炫耀的。"

阿富："我明白了，炫耀没问题，我的定位有问题。"

教练：“可以这样说，领导应该炫耀什么呢？”

阿富：“炫耀团队的成绩。”

教练：“所以你要如何对下属，团队才会出成绩呢？”

阿富：“多激励他们，给他们机会出风头，炫耀他们的成绩。”

教练：“这样的话，他们会如何看待你的炫耀呢？”

阿富：“会很开心吧。我知道了，谢谢教练。”

在这个案例中，教练没有否认阿富的炫耀，而是借此激励他放大格局，颇有太极拳中四两拨千斤、借力打力的风范！

这个案例的核心就是：

你可以炫耀，不过要提升炫耀的境界！

升级你的炫耀

泼水节

一

阿威："教练，我出去见客户，总是被泼冷水，搞得我很不开心。"

教练："你想开心？"

阿威："当然。

教练："人家泼冷水你就一定要不开心吗？"

阿威："教练，难道别人泼我冷水我还要很高兴吗？"

教练："有没有被泼冷水还可以高兴的情况呢？"

阿威："除非是泼水节！"

教练："是啊，平时被泼冷水可能我们会不开心，但是泼水节的时候被泼冷水反而会开心。”

阿威：“可那是因为在泼水节我知道对方是善意的。”

教练：“也就是说，见客户被泼冷水你认为对方是恶意的？”

阿威：“是的，我是这样想的。”

教练：“你把被客户泼冷水看成什么呢？”

阿威：“我想一想，我应该看成了被对方拒绝，看成我自己失败了。”

教练：“如果用过泼水节的心态来看待，你可以怎样看客户泼的冷水？”

阿威：“看成学习和磨炼。”

教练：“看成失败和看成学习，哪一种心态会对你的业绩更有帮助呢？”

阿威：“当然是后者。”

教练：“当你把对方泼的冷水看成学习和磨炼的时候，你的心情会怎样呢？”

阿威：“会好得多，释然了。”

教练：“所以，你心情好不好，关键看你怎样定义别人泼的冷水。”

阿威：“是的！我知道了，我不应该用别人的态度来打击自己，应该正面地看待。”

二

我有一个朋友，现在是一家公司的总经理，她跟我分享了她以前被泼冷水的经历：

以前我们做销售的时候，每天做的事情就是练话术，然后打电话邀约客户，但是经常会被客户泼冷水。刚开始觉得自己脸上挂不住，都不知道怎么接话茬了。

后来，慢慢地自己也领悟到了，被泼冷水其实是让自己成长的一种方式。

所以，后来在被别人泼冷水的时候，我就直接跟自己说："太好了，又被泼冷水了，我又有学习的机会了，至少人家还愿意给我泼冷水。"

当这样想的时候，被泼冷水的次数反而少了很多，成功的机会也大大增加了。

三

以下是一个美国人一生被泼水的经历：

1831 年，经商失败。

1832 年，竞选州议员——落选了。

1832 年，工作也丢了——想就读法学院，但进不去。

1833 年，向朋友借钱经商，但年底就破产了，之后花了 16 年才把债还清。

1835 年，订婚后即将结婚时，未婚妻却死了，因此他的精神完全崩溃，卧病在床六个月。

1840 年，争取成为选举人——失败了。

1843 年，参加国会大选——落选了。

1848 年，竞选国会议员——失败了。

1849 年，想在自己的州内担任土地局长——被拒绝了。

1854 年，竞选美国参议员——落选了。

1856 年，争取副总统提名——落选了。

1858 年，竞选美国参议员——再度落败。

1860 年，当选美国总统。

他就是美国前总统林肯。

记不得哪本书上说的：所有的挫折和磨难都是化了装的机遇之神。

用这样的心态，每个日子都可以是泼水节。

笑对泼水，成就人生

紧张与教练

阿宏:“教练，我当众发言时总是紧张。我如何才能让自己不紧张?”

教练:“紧张有什么问题?你可以一边紧张一边说啊。”

阿宏:“我想让自己不紧张。”

教练:“这说明你不接受自己可以紧张，你在对抗自己的紧张。你这种对抗反而会加剧你的紧张。”

阿宏:“是的。你这样说我就明白了。如果有教练一直陪着我、鼓励我，我就不会紧张。”

教练:“你可以把你的紧张看成陪着你的教练啊!”

紧张本身不是问题，抗拒自己的紧张感、不接受自己紧张才是问题。

教练往往会鼓励被教练者承认、接受而不是抗拒自己的恐惧。更好的做法是，与人沟通自己的恐惧，这样往往能淡化、减少恐惧。

有位新训练师在台上很紧张，于是她干脆坦诚地跟听众沟通，她问台下的听众："有多少人跟我一样，上台会紧张的？"

台下很多人举手。

然后她说："看来不止我一个人是这样，你们愿意给我些掌声鼓励吗？"

谁都猜得到，她得到了掌声，也调动起了场上的气氛。

紧张本身是中立的，关键在于我们对紧张的看法。

紧张是一种情绪，背后是我们的信念。

导致我们紧张的原因，通常是我们担心犯错，怕别人看到我们不好的一面，渴望得到别人的认同，等等。

紧张可以是我们的对手，也可以是我们的帮手，甚至可以把紧张当教练——它在帮助你学习重要的一课。

紧张也是生活的一部分

PART 3

相约心灵绽放的美

外在的美可以化妆，可以整容，可以 PS。

内在的美只能熏陶和培养——苏轼有诗云：腹有诗书气自华。

有内在的美做底蕴，外在的美才经得起品味。

幸福相馆

有一位做婚纱影楼的老板，开了几家连锁店。

以前他请了一些礼仪方面的专家来训练员工，要求员工每天都要面带笑容迎接顾客。合格笑容的标准是要露出八颗牙齿。

老板的出发点是好的，然而训练的结果却不理想，员工露八颗牙的笑容显得很机械、很职业化，没有感染力。

后来，这位老板学习了教练的方式，开始调整员工的心态。员工不再按照露八颗牙的标准来笑，而是发自内心地微笑。这样的笑容让顾客感觉亲切、真实、入心。

这位老板还将教练调整心态的方式运用到前来拍婚纱照的顾客身上。

过去，他所注重的是化妆、选景、服饰等硬件部分。现在他更重视如何调节新人的心态这个看不见的软件部分。他想通过让他们由内而外地露出新婚的幸福感，从而拍出真正的幸福婚纱照。

所以他会在服务上更加贴心，比如会准备鲜花或一些精心挑选的礼物，并让新郎在一些关键时刻送给新娘。同时，他还会设计一些温馨、浪漫的环节让双方加强情感的互动交流。让他们互写表达情感的心意卡。这些用心的安排往往会赢得新人意外的惊喜，所以新人的开心是由衷的。这些发自内心的开心、喜悦是无法单靠化妆来呈现的。

这样，拍摄出来的照片也就记录下了真实的幸福时光。

以前看过一则国外的故事：

一家照相馆有一项服务，是专门为要考大学的学生拍毕业照。这家照相馆的老板是一位慈祥的、有爱心的老先生。

这位老先生用很认真的态度拍摄每一张照片。不仅如此，每次学生来取照片的时候，他都衷心祝福他们考上好的大学，拥有美好的前程。

渐渐地，坊间就流传出一个说法：在这家照相馆照毕业照的学生，就会考上称心如意的大学。

一时，照相馆生意非常兴隆。

这两家照相馆都给客人带来了幸福或者幸运的感觉。

因为这两家照相馆把握了一个关键点：不仅要照顾客人的“形”，更要照顾客人的“心”。

不仅关注形，还要关注心

生命密码

教练在课堂上讲了一些人生的哲理，学员阿升有很多东西没有记住，于是就跟教练有了以下对话。

阿升：“教练，我记性不好。”

教练：“你真的记性不好吗？”

阿升：“是的，很多东西记不住，有时候你说的话我也记不住。”

教练：“你的银行卡密码记得住吗？”

阿升：“那肯定记得住。”

教练：“那就不是记性不好啊。如果你真的记性不好，你应该所有事都记不住啊。”

阿升：“这不一样啊！”

教练："有什么不一样的？"

阿升："银行卡密码很重要啊。"

教练："对了，你银行卡密码记得住，我说的话就记不住，这不是你记性不好，而是你觉得我说的话不如银行卡密码重要。"

阿升："是的。"

教练："如果你记得我的话就能赢得一千万元，你是否能记得我的话？"

阿升："当然能，就算不睡觉我也会想办法记住的。"

教练："所以关键不在于你的记性，而在于你觉得是否足够重要。"

阿升："是的，你说得对！"

教练："其实我讲的也很重要，这些内容虽然不是银行卡密码，却是你的生命密码！"

教练不仅关注能力，更要关注动力。

而我们每个人是否有足够的动力，往往取决于对事情的看法，即是否觉得这件事情足够重要。

对事情的看法一旦转变，往往就会有不同的行为表现，也就会有机会出现新的结果。

聆听教练技术，读懂生命密码

群发的

有一首歌唱道:“不管你是谁，群发的我不回。”

唱歌者唱得理直气壮（当然他有这样的选择），但这歌词背后的心态是:你不给我面子，别怪我不给你面子;你对我不仁，就别怪我对你不义。

再来洞察一下其中的信念。

群发的我不回——意思是否在说只有单独对我发的我才回呢？换句话说,只有单独对我发的才算是真正重视我、在乎我。

“群发的我不回”背后的真正需求很可能是:我需要你重视我。

然而，如果我们用教练的方式在信念上来区分的话，可以有以下发问：

群发给你就等于不重视你吗？

单独发给你就等于重视你吗？（背后是否有独占对方情感、不愿与他人分享的成分？）

对方除了关心你，不可以关心更多人吗？

关心更多人就等于不重视你吗？

你想对方单独发给你吗？是否可以跟对方沟通你的想法呢？

还可以发问：

你不回信息的目的是什么呢？

是表达不满、惩罚对方、证明自己是对的，还是需要对方重视？

如果达到这些目的，不回信息是否是唯一的选择？是否是最好的选择？

你不回的结果会怎样呢？

这个结果是你想要的吗？

况且，你怎么知道人家一定就需要你回呢？

“群发的我不回”焦点放在了自己身上，是关注自己是否受到重视。如果我们把焦点对外，放到关心对方身上，我们的看法可以很不同。

对方群发信息说明对方的朋友多，我们应该为他高兴。

对方群发信息说明他在乎的、牵挂的人多。他想要都照顾到，我们应该嘉许他对别人的关心。

对方群发信息说明他想节约时间、提高效率，我们可以理解。

我能收到对方的群发信息说明我的号码还在对方手机上，是件值得开心的事。如果连群发的我都收不到，那才更惨。

对方以群发的方式先发给我，而不是等着我先发给他，说明对方比我更主动、更有行动，也更早想到我。我们应该欣赏和感恩。

不要只看到信息，也不要只看到信息是单独还是群发的形式。

要看到信息背后那个活生生的人!

单独发的我才回

不仁与有义

这世界不可理喻，但你是可以理喻的。

——［美］肯特·基思《似非而是》

一

上一篇文章提到春节晚会里的歌唱道：“不管你是谁，群发的我不回。”

我有一个教练朋友当即在微信上发了一句：“群发的我认真回！——这是另一种生活态度的表现。”

这句话背后的含意是：你虽对我“不仁”，但我还是要对你“有义”。

能这样做的人是有气度的人，更是有立场的人。

因为我有立场，所以你的“不仁”影响不了我的“有义”。

我不会因为别人的态度而让自己随波逐流。

二

这个世界有的人不仁不义，也有的人有仁有义，还有的人杀身成仁、舍生取义。

归纳起来，通常我们处事的方式有四种。

第一种比较极端：你有仁，我不义。

第二种和第三种比较常见：你有仁，我有义；你不仁，我不义。

还有第四种方式：你不仁，我有义。

“群发的我认真回”就属于第四种，也是最难做到的一种。

你有仁，我不义——这是属于无条件的恨，无论别人对我多好，我都不领情。

你不仁，我不义——这是属于有条件的恨，别人对我不好，我就对别人不好。

你有仁，我有义——这是属于有条件的爱，别人对我好，我才会对别人好。

你不仁，我有义——这是属于无条件的爱，别人对我不好，我也会对别人好。

对照一下，你属于哪一类型？

我是混合型。你可能会说。

那么，就看看各种情况在你生活中的比例是多少。

同时，也请你去思考，这样的比例是如何影响你的人际关系乃至整个生活的？

三

“义”字的繁体字是“義”。

“義”是由“羊”和“我”两个部分组成。意思是“我向上呈献真善美。古时以羊祭祀，代指最美好的东西”——我愿意付出我最美好的东西。

当然，有愿意付出的精神不等于要做“好好先生”。

“你不仁我有义”也不等于一味地迁就对方、忍让对方、包庇对方、讨好对方或者是逃避对方。

我曾在那篇名为*Morning call*的文章中写过：爱他，就唤醒他；恨他，也唤醒他。

作为教练的使命，也是教练最大的“仁义”，就是唤醒对方。

不管怎样，总要把你最好的献给这个世界

仁者无敌

在一家上市公司的会议上，我主持了一天的训练。在结束前，大家描绘愿景，很多人纷纷想象公司未来的画面：公司会开到五大洲，到处都有分部。

也有人提出，公司不仅要扩张，更要成为一家幸福企业、责任企业。

我也给大家反馈说：我们不仅要有超越他人的梦想，更要有超越自己的付出与谦虚。

的确，公司不是大家用来“分赃”的，而是用来推广一种文化与理念的。

真正无敌的企业不仅是地理版图的扩张，更是心灵版图的拓展。

唐宋八大家之一的韩愈在他的名篇《原道》中写道：博爱之谓仁，行而宜之之谓义，由是而之焉之谓道，足乎己无待于外之谓德。

这段话的意思是：博爱叫作“仁”，恰当地去实现“仁”就是“义”，沿着“仁义”之路前进便为“道”，使自己具备完美的修养，不去依靠外界的力量就是“德”。

在教练的工作中，我们常常有这样的说法：决定你能否教练对方的，往往不是教练的技术，而是你有多爱对方。这不是否定技术的重要性，而是表明教练内在出发点的决定性作用。内在的出发点是我们运用专业与技术的方向和归宿。

教练的技术需要学习和锻炼，而爱，我们与生俱有。

放大我们对某个个体的爱，就是博爱。

古语云：勇者不惧，智者不惑，适者有寿，仁者无敌。

能够博爱的人就是仁者。

仁者无敌，不是武功天下无敌，而是心中无敌。

能够博爱的人就是仁者

同舟共济

前几年，有人解读玛雅文化，得出2012年是世界末日的结论。更有灾难片《2012》的生动表现，搞得很多人真的有了末日情结。

也有很多商家把握商机，炒作末日题材，大发“末日财”。

有一次，我在电视上看到一则新闻。美国一家建筑开发商，开发了一座名为“末日城堡”的建筑。这座城堡修得异常坚固，据说可以顶得住十级以上的大地震。里面有清水、粮食，还有娱乐设施。开发商号称，就算真的到了世界末日，住在城堡中的人起码可以比外面的人多活十天。

据说很多亿万富翁纷纷购买。

这则新闻播放结束时，主持人说了一句很有启发性的话：如果真的到了末日那一天，外面的世界都完蛋了，你比别人多活十天，又有什么意义呢？

不要笑那些亿万富翁钱多人傻。

我们自己或许没有购买“末日城堡”，却往往在自己心里修了一座看不见的末日城堡。因为我们常常有这样的想法：保住自己就好了，其他人与我无关。

有一首诗写得好：

> 别问丧钟为谁而鸣，
> 因为你是人类的一员，
> 丧钟就是为你而鸣。

别人吃到有毒的食品，我们不关心，自己也难免有一天会吃到；北京有雾霾，我们却只为自己居住的城市空气好而庆幸，谁知道这些雾霾哪天会飘到你的身边来。

关心他人的际遇，才能避免自己成为下一个受害者。

世界就是我们共同乘坐的一艘驶向未来的船。

在这艘船上，每一支桨都与你有关！

同舟共济，每支桨都是你的本分

赚钱与值钱

一次，我认识的一位东北企业家对我说：我现在不只关注赚钱，更关心企业在五年后、十年后如何更值钱。所以，我的工作就是帮助资金、人才、项目找出口。

有人说，如果你每天早上起床的第一件事想的不是自己赚多少钱，而是客户要什么，你就会成功。

这是关于“赚钱”与“值钱”关系的另一种表达。

赚钱是一时的，值钱是长久的。

赚钱是果，值钱是因——在考虑我们能赚多少钱之前，先问自己值多少钱。

自己不值钱，就算赚钱也是偶然的，短暂的。

自己值钱，那么不赚钱也是偶然的，短暂的。

“赚钱”的“赚”字是“贝”字旁。“贝”是古代的货币，所以赚钱赚取的是货币，是赢得外在的财富。

“值钱”的“值”字是“人”字旁，所以值钱是关于人的，是让人本身有价值——人的思想及衍生的产品和服务值钱。

打铁还需自身硬，赚钱先要人值钱。

大约二十年前我刚到深圳时，正好遇到一家当地企业在大规模招聘 IT 技术人才，图谋大的发展。我认识的一个朋友就进了这家企业。当时不明白原因，只觉得这家企业很有魄力，舍得成本培养和引进人才。

后来才明白这家企业做法的含义：引进人才提升企业的竞争力，企业值钱，赚钱就不在话下。这家企业的名字就叫“华为”。

赚钱先要人值钱

考核谁?

阿建负责训练中的音乐播放，但是他播放的几首音乐的效果都不好。他的上司是一位教练，跟他进行了对话。

教练:“什么原因导致音乐的效果不好呢?”

阿建:“不是我的责任，那几首歌本身的质量就不好!”

教练:“看来工作考核应该去考核那几首歌咯?你可否告诉我，应该怎样考核那些歌曲呢?”

阿建:“我知道应该考核人，可是那些歌曲的质量确实不好。”

教练:“我相信你说的是真的。那么，歌曲的质量会不会自己好起来?”

阿建:“当然不会。”

教练:“如果那几首歌真的质量不好的话，你作为负责音乐播放的人可以做些什么呢？”

阿建想了想：“我要把所有歌曲先检查一遍，可能需要全部重新制作。”

是人为事负责，不是事为人负责。

我们找借口的能力越强，找方法的能力就越弱。然而，无论是找借口还是找方法都要花费时间和精力，但是结果却大不同。

按照“用进废退”的原则，我们越找借口，就越会找借口；越找方法，就越会找方法。

按照“吸引力法则”，我们越找借口，就越吸引困难；越找方法，就越吸引可能性！

正视自己，拒绝借口

站着的

“别跟我说你功夫有多深，师父有多厉害，门派有多少喽啰，功夫，两个字，一横一竖。错的，躺下喽，站着的才有资格说话，你说这话对吗？”这是王家卫导演的电影《一代宗师》中的台词。

学员阿卓跟教练说了很多他过往的成绩：管理学硕士毕业，学习成绩第一，英语专业八级，曾经两度在国外留学，参加过很多种培训，目前公司员工已经有 20 多人了。

教练：“你的公司经营得如何？”

阿卓：“不好，目前还在亏本。”

教练：“原因是？”

阿卓：“目前经济不景气，整个行业发展也不好。”

教练：“那在这种情况下，其他企业有没有做得好的？”

阿卓：“有。”

教练：“从这个结果你学到什么？”

阿卓沉默了，因为无论他过去成绩多么优秀，现在有多少下属，但是经营上的结果已经让他无言以对。

每做一件事都要看结果如何。马云说过：“这世界上没有优秀的理念，只有脚踏实地的结果。”

结果反映你行动的有效性——有行动，没结果，竹篮打水一场空。

结果在告诉你：哪些行得通，哪些行不通，哪些有效，哪些无效。

结果，是上帝让你学习的最后机会。

善于从结果中学习，你才会成为最后站着的那个！

站着的，才有资格说话

学习与授权

阿可："我出来学习，没时间照顾企业，心里很内疚。"

教练："那么，其实你想要的是什么呢？"

阿可："照顾好家庭和企业。"

教练："除了内疚，你为这个目标做过什么呢？"

阿可："没做什么。"

教练："你没时间照顾企业，因为你把时间都用来内疚了。"

阿可："是的。"

教练："内疚有用吗？"

阿可："没有，我也知道于事无补。"

教练："那你还可以怎样呢？"

阿可："不知道。"

教练："如果真的那么忙，你也可以暂时先搞好企业，以后安排好时间再学习嘛。"

阿可："不行，我必须完成学习，现在不安排，以后也安排不出来时间。我已经遇到企业发展的瓶颈了，再不学不行了，但我就是发愁不能兼顾企业。"

教练："这是否说明你在企业中什么事都必须亲力亲为？"

阿可："好像是这样的。"

教练："那么，如果你的企业再做大一倍该怎么办呢？"

阿可："就是存在着这个问题，这就是我的企业发展遇到的瓶颈。"

教练："那么，我也担心你的健康、家庭怎么办，你有时间照顾吗？"

阿可："我也是矛盾。"

教练："其实企业里的事非得靠你自己才能做好吗？"

阿可："也不是。嗯，我可以多些授权，让其他人分担我的工作。"

教练："什么原因让你不授权给别人？"

阿可："不太信任别人，觉得只有自己能做好。"

教练："很好。你觉得自己还可以做些什么？"

阿可："要善用资源，把自己更多地解放出来。"

教练："这样对你有帮助吗？"

阿可："有的。谢谢教练的支持！"

有人说：权力像金钱一样，不拿出来流通是不会增长的。

人生的成功是平衡的，而不是单一的。

有效授权，给他人机会，也是给自己的人生更平衡的成功机会！

PART 4

解开爱的千千结

爱得深，就恨得切。

心有百把锁，爱有千种结。

心锁需要心来开，心结需要心来解。

教练的智慧，在于打开心锁，巧解心结。

开悟的恋人

开悟，从字面上看是“开”字加上“悟”字。开，就是打开；悟，就是我的心。两个字结合起来就是打开自己的心。

阿美跟教练说：“我在家里为老公做了很多，做家务、带孩子，付出很多，可是他还是不领情。”

教练：“听起来你只是做了一个保姆的工作。如果你老公只是需要做家务、带孩子的人，他完全可以找一个保姆啊，何必娶一个妻子回家。”

阿美：“难道我做这么多还做错了？”

教练：“不是你错了，只是你所做的，未必是你老公想要的。”

阿美：“教练，你说的也许是对的，但是毕竟我付出了很多。”

教练："是的，你是付出了很多。不过你有一件最重要的事情没做，就是了解你老公心里的需求。"

方式不一样，效果大不同。

一个男孩爱上一个女孩，跟教练说自己一定要追到她。

教练肯定他："很好！你有这种勇气和决心，值得肯定。"

男孩又说："我不知怎样才能打动她。"

教练："你很爱她？"

男孩："当然！"

教练："她爱什么样的男孩？"

男孩："当然是优秀的，能力强又有活力的。"

教练："你现在是不是这样的人？"

男孩："还不是。"

教练："如果你能活出刚才你描述的状态，让她来追你，你觉得怎么样？"

男孩："那当然爽啦，但是就算我成为这样的人，我也担心未必能打动她。"

教练："有这种可能，但会不会比你现在只是一味穷追猛打更有效呢？"

男孩想了想："是更有效。"

教练："而且，退一万步说，就算到时追不到她，起码你活得更精彩了，这值不值呢？"

男孩："还是很值得的。教练，我明白你的意思了，我要真的活成那样，也就不愁没女孩喜欢了。

爱是一回事，了解是另一回事。

有人总结出如下的人生哲理：未开悟的恋人是用自己的方式走进对方，开悟的恋人用对方的方式走进对方。

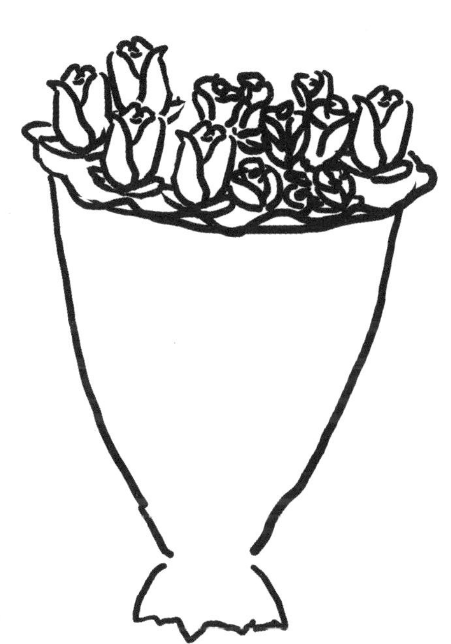

值不值得

阿秀："教练，当时是我追求我老公的，因为我很喜欢这个男人，然后就不断地去追他，跟他结婚生子，建立家庭。但是真正拥有这个家庭后，我又感觉不安全了，觉得这个男人不属于我，于是我就会去找一些证据来证明这个男人是不爱我的。就算是我老公做了很多对我好的事情、很多爱我的事情，我也会怀疑，我始终觉得这个男人有一天会离开我。"

教练："你想通过对话达到什么样的效果？"

阿秀："想在婚姻关系中能坚信，确定自己可以幸福地生活。"

教练："道理你都明白，但问题是你还是担心失去这个男人。"

阿秀："是的。"

教练："那怎么办呢？"

阿秀："再努力去充实自己。"

教练："充实自己很好，但我听你说话的口气，看你的表情，好像你觉得自己很差劲似的。"

阿秀："是的，我就是觉得自己不行。"

教练："如果你真的不行的话，是怎么把这个男人吸引到你身边的？"

阿秀："那也是。我老公其实也是很优秀的，而且他也很爱我，但越是这样我越担心会失去他。"

教练："当初你身上有什么优点吸引他？"

阿秀："我很善良，而且对他父母很好，还有我老公说我工作很勤奋。"

教练："那么，你现在还有这些优点吗？"

阿秀："我现在心都放在老公身上，工作也不是很上心了。"

教练："你想得到老公的爱，这没什么不好。只是感觉你的担心反而会阻碍你的目标。"

阿秀："是的，我越来越不自信了。"

教练："你在过往的生活中，什么时候身边的人最认可你？"

阿秀："很自然的时候，做我自己喜欢做的事情的时候，他就特别认可我，在工作上也是。"

教练："如果你活出当初那些优点，你觉得你老公会爱你吗？"

阿秀："会的。"

教练："你无法强求老公爱你，但你可以把自己变得可爱。"

阿秀："对，我要让自己更可爱，更值得老公爱。"

教练：“关键是你是否爱自己，自己是否觉得值得？”

阿秀：“我以前就是觉得自己不值得。”

教练：“那现在学到了什么？”

阿秀：“学到了自己做了很多无谓的事情，让身边的人有压力。然后，自己最自然的时候才最有感染力。”

教练：“现在你感觉自然吗？”

阿秀：“很自然，感觉很轻松，就好像自己就要去那么做一样。

教练：“很好！坦白说，你老公是否一辈子爱你，没人可以保证。但你只要拥有‘自己值得被爱’的心态，起码就会赢回对自己的爱。”

你可以永远幸福，因为，就算全世界的人都不爱你，你还可以爱自己。

你可以永不孤独，因为，就算全世界的人都离开你，你还可以跟自己的心在一起。

你跟自己的心在一起，你就跟全世界在一起。

只要有真爱，一切都值得

情 理

阿达跟教练说："我说不过我老婆。"

教练："为什么？"

阿达："每次都是她有理，我觉得她根本不讲道理。"

教练："这说明你不明白道理。"

阿达："什么意思？"

教练："你不明白一个道理——家是讲情的地方，不是讲理的地方。"

我们常说情理情理，情在理之前，先讲情，后讲理。

别人跟你讲理，很可能说明他的感情受到伤害了，情受伤了，情不通了，才讲理。

两个人初相恋的时候，觉得什么都是最好的，什么都是优点，看对方的缺点都闪闪发光。这就是我们所谓的“情人眼里出西施”。其实这是因为“爱到浓时，情至深处”，对方一切都是完美的。

慢慢地，两人相处久了以后，开始互相了解了，逐渐看到对方有缺点了。两人开始互相挑毛病了，说这事不对，那事也不对，然而我们仅仅去解决事情是达不到效果的。于是就开始讲道理了，结果就是无休止地争吵了。

其实这根本不关乎事情的好坏，也不关乎道理的对错，这只是说明两人的感情没有当初那么浓了。

有句话说：心若移动，爱难联通。

同样地，我们可以类比：情若不同，理难传达。

所谓“通情达理”——先通情，后达理。

心若移动，爱难联通

沟与通

我们沟通得多好，不是取决于我们描述得有多好，而是被对方了解多少。

——安迪·格鲁(英特尔前 CEO)

有一位女企业家，跟教练说："我和先生的关系有问题，想得到改善。"

教练挑战她主动与先生沟通。她果然去做了，但她没能取得预期结果。"

于是她对教练说："我已经与他沟通了，可是没有用。"

教练问她："你怎么沟通的？"

女企业家说："我跟他说，我们可不可以好好谈谈，沟通一下。可他说都老夫老妻了，还沟通什么，真肉麻。"

教练："当他有这样的反应时，你是怎么处理的？"

女企业家：“我就闭嘴不说咯。”

教练回应她：“你这是因噎废食。你因为一次沟通不成功，就否定了沟通本身。”

女企业家：“教练，你真认为沟通有用吗？”

教练：“不是沟通本身没用，而是你的沟通方式还需改善。”

女企业家：“我感觉我的热心换来了冷脸。”

教练：“你们之间关系出现状况有多久了？”

女企业家：“有五六年了。”

教练：“这么长时间的积怨，你指望一两次沟通就能解决吗？”

女企业家想了想：“是的，我可能是操之过急了。”

教练：“那你打算怎么办？”

女企业家：“我愿意换个方式去跟他沟通，可是要换什么方式才有用呢？”

教练：“你认为我比当事人更有资格回答这个问题吗？”

女企业家：“我知道了，我还是直接问我先生吧。”

沟通的释义是：人与人或群体之间思想与感情的传递和反馈的过程，以求思想达成一致和感情的通畅。

从字面上来拆分：沟通，“沟”为了“通”，“沟”了要“通”。

很多时候我们是“沟”而不“通”——有沟通的行为，没达到沟通的目的。

这并不是说沟通没用，只不过要改善我们的沟通方式，把重点放到对方能收到多少上。

有人用算式来总结沟通：

我不问 + 你不说 = 距离

我问了 + 你不说 = 隔阂

我问了 + 你说了 = 尊重

你想说 + 我想问 = 默契

我不问 + 你说了 = 信任

其实决定沟通的不是语言，而是关系和态度，是等号后面的这些关键词：距离、隔阂、尊重、默契，还有信任！

儿孙福

有一个说法是：富不过三代。

对应的另一个说法是：穷人的孩子早当家。

“富”与“穷”是孩子的环境因素。但是对于孩子的成长来说，到底哪个是好消息还很难说。

相传，吕洞宾成仙前是一个穷秀才，有老婆和儿子。因为穷，一家人经常吃不饱饭。有一天，他发现墙壁破了一个洞，隔壁是一户卖油的。他实在受不住饿了，就用葫芦去偷隔壁家的油。结果被隔壁的人发现了，一刀砍断了葫芦的头。吕洞宾很好面子，虽然邻居没难为他，但是自己心里羞愧，决定抛下妻儿，寻仙问道去。

十八年后，吕洞宾得遇汉钟离点化，要得道成仙了，可他心里放不下妻儿：他们是否安好呢？这么多年会不会饿死呢？于是他决定回家看一看。

当他走到村口时，村里敲锣打鼓，张灯结彩的。一打听，原来是有人中了状元，而且中状元的不是别人，正是他儿子。

吕洞宾化装成乞丐，去儿子府上。府上家丁轰他走时，状元郎出来了，说："今天是我的大喜日子，不要赶人走。"儿子让人把吕洞宾安排到了一个角落招待。等宾客散尽，状元郎突然想起：还有一个乞丐。等状元郎去看时，乞丐已经走了，碗底留下了一张纸条，上面写了一首诗：

十八年前去偷油，
一刀砍断葫芦头。
儿孙自有儿孙福，
何用爹娘做马牛！

状元郎不解，于是去问母亲。母亲一看字条，大惊道："儿啊！留字条的那个人是你爹啊，赶紧找他回来。"状元郎立即四处寻找，却早已不见吕洞宾踪影。

吕洞宾的儿子没有父亲的照顾也一样健康成长，还中了状元。

教练常说要看人之大。

“儿孙自有儿孙福”，就是看儿孙之大，相信他们有创造自己人生的能力！

还儿孙一片独立的天空

话中话

人们的话背后其实还有话，有另外的意思。

来看一个发生在我身边的案例。

妻子埋怨丈夫不上进：“你现在不努力赚钱，将来老了怎么办？”

丈夫回答：“我们家有好几套房子，没钱了可以卖房子啊！”

妻子说：“你这个败家子！”

双方因此闹得很不愉快。

我们来剖析这个案例。

妻子的第一句话：你现在不去努力赚钱，将来老了怎么办？——这句话的出发点是妻子关心丈夫，为丈夫的未来考虑。

在后来我与这个丈夫的沟通中，丈夫说他对这句话的理解是：你将来没有依靠。

丈夫的话：我们家有好几套房子，没钱了可以卖房子——这句话是在告诉妻子，你不需要担心，我们有家底，有保障，我也有办法、有能力解决，你放心好了。潜在的意思是想得到妻子的认可。

而妻子却认为丈夫太不上进了，居然在想这种没有办法的办法。

所以有了妻子的第二句话：你这个败家子。——这句话听起来不好听，不过其中的潜台词是想这个家越来越好，越来越兴旺，而不是越来越衰败。

而丈夫觉得妻子是在说他没能力、没本事，是瞧不起他。

我们很容易从自己的角度去理解对方，往往造成矛盾和误会。

有人说，沟通决定我们的生活品质。

而现实的沟通中常常是对牛弹琴、鸡同鸭讲、各说各话、不对频道。

沟通的关键在于读懂对方的心，读懂对方话背后的话，能够正面、善意，最起码是开放地理解对方的意思，调整好对话的频道。

将心比心，才能以心换心。

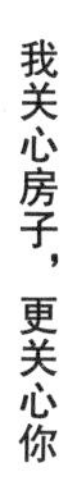
我关心房子，更关心你

房产

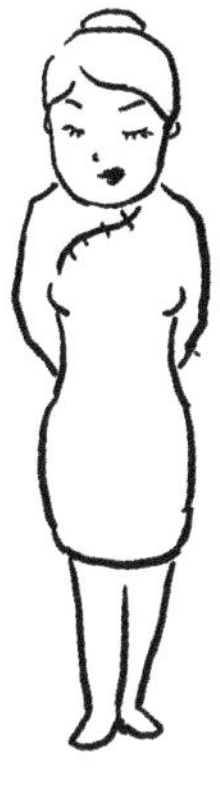

包容与包庇

有一次，一位学员分享他的经历：“我以前在外企担任部门主管，跟上司关系一般，但是跟下属关系很好，对下属犯错都很包容。有一个下属我视之为兄弟，为他承担了很多事情，并包容了他很多错误。结果我的那位好兄弟并没有因此感谢我，反而在老板面前说了我很多坏话，以至于后来我不得不离开。”

当时教练回应他：“你这不是包容，而是包庇。重要的是，你有没有在过去的这件事情中学到一课，如果你没有学到这一课，你在生活中还是会付出代价的。”

他当时就蒙了，后悔地说：“我现在就在付出代价，我从那家公司出来后进入了我哥哥的企业，也是很袒护员工。我当时还以为这样是对员工好，是包容他们。由于我的袒护导致今年产品大批量出现质量问题，连累公司损失了一千多万元。是我拖累了我哥哥，他虽然没有怪我，但是我心里好难受！”

这位学员付出这样的代价就是因为区分不了包容与包庇。

包容与包庇都有接纳对方的意思。

不同的是接纳后的下一步行动。包容是相信对方能改正，所以会指出对方不足之处；而包庇是不相信对方会改正，所以不会让对方看到自己的不足。包容会要求对方成长，而包庇只是忍受对方的现状。

教练是包容你的缺点，但也会指出你的缺点。

因为在教练心中，你会为自己做出最好的选择。

在生活中也有很多形形色色的“教练”，比如父母、老师、朋友、另一半，这些人同样也很包容我们，同时也会提醒、警示我们。

那么，你是否有好好倾听他们的声音？

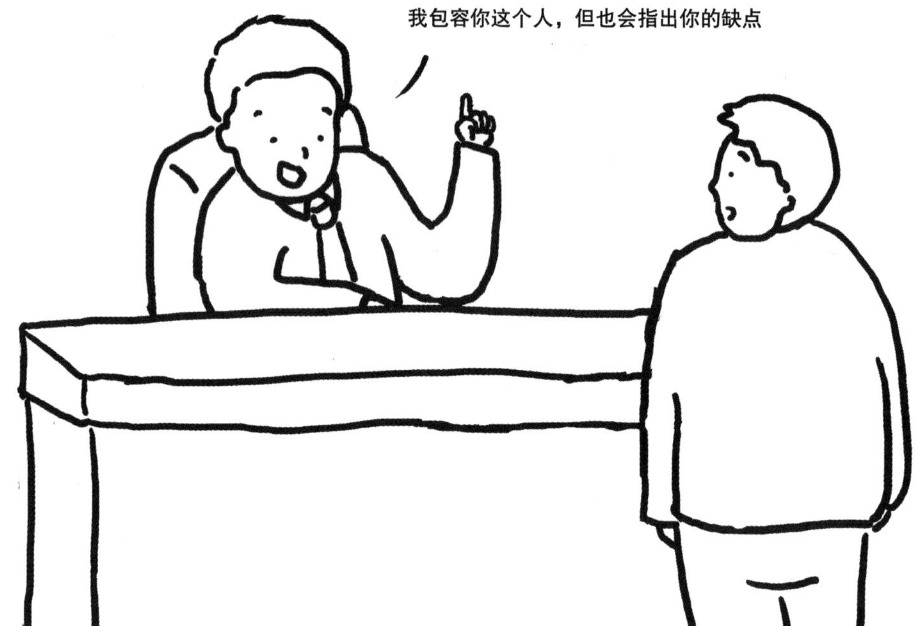
我包容你这个人，但也会指出你的缺点

改变习惯

一提到改变，你的第一反应是什么?

开心、忧心或是平常心?

有人拥抱改变，有人抗拒改变，有人引领改变。

看看下面这段教练对话——

客户:“我改不了，这么多年的习惯了。”

教练:“你从前那么多年不用手机的习惯怎么一下子就改了?”

客户:“因为用手机方便嘛。”

教练:“所以你不是改不了，而是要有好处才改。只要方便，你也可以建立新习惯!”

改变每天都在发生。

早就有人指出：世间唯一不变的就是变化本身。

我们不愿意改变往往不是抗拒改变本身，而是担心改变之后变得比现在更糟糕，担心失去既有利益。

如果这个改变是变成每天让你中彩票，你愿不愿意？

这个问题并不是关于彩票的，而是一面镜子，让我们看看自己对于改变的反应背后，究竟是什么在做决定。

你能改变使用手机的习惯，
也能改变其他的习惯

感恩与嘉许

嘉许、感恩与欣赏是教练必备的能力。

一位训练师同行跟我分享，她每住一家酒店，离开时都会给服务员写一封感谢信，以感恩对方在她入住期间的服务。这么多年已形成习惯。

教练阿海也跟我分享他的经历。有一次在饭店吃饭时，一个服务员帮他拿了一些东西，他对那个服务员说：“你的服务态度很好啊。”就是这样一个简单的肯定，没想到那个服务员的态度有了很大变化。本来他只是站在一边，看看客人有没有什么需要，后来却非常主动地去指挥其他服务员做各种各样的事情，抹桌子啦，摆台布啦……

阿海说，很明显平时太少人肯定、赞扬他。

另外有一个国外的故事，也有类似的启示。

这个故事说的是某人在图书馆遇到一位服务态度不太好的管理员。回去后他写了一封信给图书馆的馆长，谈到这位管理员。不过这封信不是投诉信，而是嘉许信。他在信中说了很多关于这位管理员如何付出、如何辛苦的话。馆长把这封信拿给那位管理员看。管理员受惯了投诉，压根没想到居然还有人会表扬他。他看完这封信之后触动很大，后来真正有了很大的转变，开始有了好态度。

有时我们习惯于要看到对方有了好的表现才愿意给予肯定。然而，有时我们需要先给予对方肯定，对方才能发挥更好的表现。就好像我们对待球场上的球员，不是等他们进了球才给予掌声，而是用我们的掌声激励他们进球！

好多年前听过一首刘欢演唱的歌曲，名字叫作《世界需要热心肠》。里面有几句歌词正好说明教练嘉许的意义——

一句知心的话语
也许胜过万钧雷霆
一声亲切的呼唤
能有起死回生的力量

我们不是等进球
而是用掌声激励球员进球
9

温室的花朵

客户:“教练，我的员工上班老玩手机，我都不知道怎么办。”

教练:“你需要我支持什么？”

客户:“我期待员工把公司当成家——我怎么才能做到呢？”

教练:“他们玩手机时你有什么感受？”

客户:“我心里很不舒服。”

教练:“这种感受你有没有告诉他们？”

客户:“没有。”

教练:“什么原因？”

客户:“我怕说得太直接他们受不了。”

教练:“你怕他们离开？”

客户:“是的，这就是我最担心的。现在招人很难。”

教练：“你以为你不说他们就感觉不到吗？”

客户：“应该也知道。所以我在想如何去改善这种状况。”

教练：“我觉得你看不起员工——把他们都看成经不起风雨的花朵。”

客户：“不是，教练，我很看得起他们啊。就是为了照顾他们的感受，我才压抑自己，很多话都没有直接说。”

教练：“这就是我说你看不起他们的原因——因为你觉得讲真话他们是受不了的，你把他们当成小朋友来哄，你觉得他们没有听真话的能力。”

客户：“我明白了，教练。我发现我确实在哄着他们工作。谢谢，你的话让我很有启发。”

教练：“这样对员工的成长有何影响呢？”

客户：“他们会像温室里的花朵得不到成长。”

教练：“那你打算如何改善？”

客户：“我会负责任地令他们也负责任。”

教练：“他们想要什么？”

客户：“我不知道。嗯，我首先要负责任地了解他们的想法。”

把对方当成温室的花朵，只能保护他们一时，保护不了一世。因为他们迟早要经历温室外面的风雨。

必要的保护当然是好的。然而，人性化的一个误区就是过于保护而弱化了对方。

真正的人性化，就是要让对方强大。

不做温室里的花朵

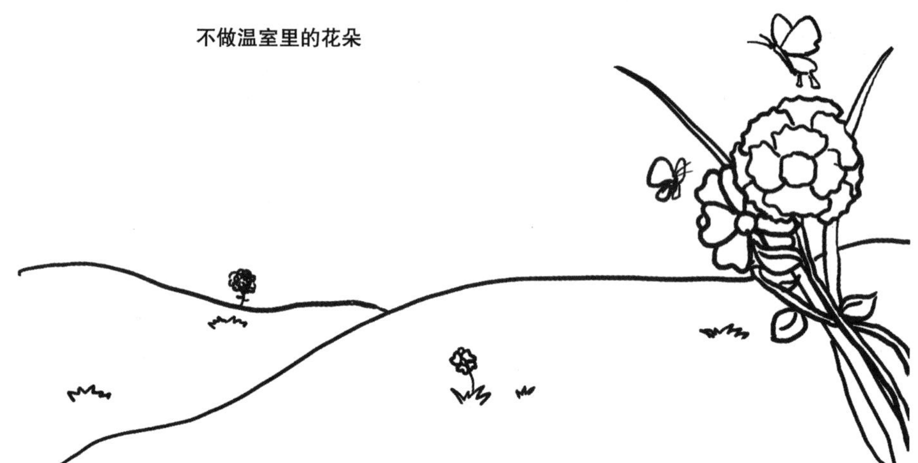

PART 5

我愿读懂你的心

有一首歌里说：相爱容易相处难。

关系就是相处，相处就是沟通，沟通就是说和听。

很多时候我们喜欢说，而不愿意听。

说是想得到别人的认可和理解，听是愿意理解别人。

愿意聆听，一颗心才能读懂另一颗心。读懂心，才能了解行为背后的原因，才能把握解决问题的核心。

读　心

有一副对联是这样的：画龙画虎难画骨，知人知面不知心。

这副对联的核心在说“知面容易知心难”。

而教练的工作恰恰是“读心”——读懂人心。

如何读懂人心呢？关键在于捕捉潜台词。

潜台词往往比内容更重要。真正起作用的是潜台词。

看一个例子。

妻子埋怨丈夫经常加班：“你为什么经常加班，难道公司少了你不行吗？”

丈夫回答：“亲爱的，你知道吗，在我加班时，想你是我唯一的安慰。”

这个聪明的丈夫就是善于读心之人，他能听到妻子抱怨背后的潜台词是需要被关心和安慰，所以直接和对方的需要对话。

还有一个例子。

教练挑战阿龙回去跟老婆说“我爱你”三个字。因为他结婚多年从未说过，他内心有爱，却一直羞于表达。

阿龙回去跟老婆说了。但是他回来跟教练说，老婆回了他一句：“你发什么神经？”

阿龙问教练：“是不是老婆太过传统，接受不了这种直接的表达呢？”

教练反问：“她说你发神经时的表情是很生气还是很开心？”

阿龙想了想，回答道：“是很开心的。”

教练：“所以，你可能一直只听到她表面的话，而听不懂她心里面的话。她嘴上说你发神经，心里可能在说，你早点发神经就好了。”

所以，教练要“读”的不是表面的话，而是话背后的心。

表面的内容是对应于口，而潜台词才对应于心。潜台词包含对方的动机、信念、价值观等等。我们最终得到的结果不是源于我们做了什么，而是源于我们为什么会这样做。

有人说，经营企业就是经营人心。而要想经营人心，首要条件就是要读懂人心。

读懂潜台词就能读懂人心。

请你倾听

曾在《南方都市报》上看到一幅漫画：一家人围坐在一起吃饭，但是儿女们个个在看自己的手机，老父亲生气地起身离开。

这幅漫画还配了一句话：世界上最远的距离就是，我们在一起吃饭，而你在看手机。

老父亲生气是因为被忽略了，好像在儿女心中，手机比自己更重要。

老父亲需要的不仅是吃饭，更需要儿女的倾听！

有个故事说：一位销售大师到一家企业演讲完后对老板说，我知道你这里最优秀的三个销售人员是谁。他说出了这三个人的名字。

老板大吃一惊，问大师：“你怎么会知道的，你是第一次来啊。”

大师说：“我只是观察到他们是我演讲中最懂得听的三个人而已。”

善于倾听是销售高手的素质，也是优秀教练的基本能力。

信息时代，外界的诱惑越来越多，能被人专注地倾听已经是奢侈品。

但被人关注、被人倾听是每个人的需要。

要跟人建立良好的关系并不复杂。或许，用心倾听已经足够。

或许，用心倾听已经足够

左手栏

行动科学中有一个技巧叫作“练习左手栏”。左手栏指“我所想的”，右手栏指“我所说的”。左手栏与右手栏往往存在很大差异，也就是我们通常说的“口不对心”或者“口是心非”。

左手栏练习能揭示我们内心隐藏的假设。

来看看下面的教练案例。

阿明：“教练，我想跟一位同行改善关系，就主动跟他沟通了。效果还可以。但同事们说，你这样他会认为你软弱，欺负你。所以我就很犹豫，不知道怎么做了。”

教练：“你把你的犹豫跟对方沟通了吗？”

阿明：“没有。我怕把握不了分寸。”

教练："那你可不可以把"怕把握不了分寸"的想法也跟对方沟通？"

阿明："啊，这倒是个好办法。"

另一个案例有异曲同工之妙。

阿梅："教练，我跟客户之间的合作有些障碍。"

教练："什么障碍？"

阿梅："我对我们的合作有担心。"

教练："那你有没有把你的担心告诉他？"

阿梅："没有告诉。"

教练："那么，什么原因让你要告诉我？"

阿梅："因为我担心。"

教练："你把对他的担心告诉我有用吗？他又听不到！"

阿梅："没用。"

教练："告诉谁才有用？"

阿梅："还是要告诉他本人。"

沟通不彻底、不深入、不触及核心，总爱说一些客气、礼节性的话，这是右手栏的特点。这样通常会制造一些表面现象。

教练帮助对方把左手栏，也就是"心里想的"而非"嘴上说的"挖掘出来，以开启有效沟通。

实际上，是左手栏而非右手栏在真正影响着我们的生活！

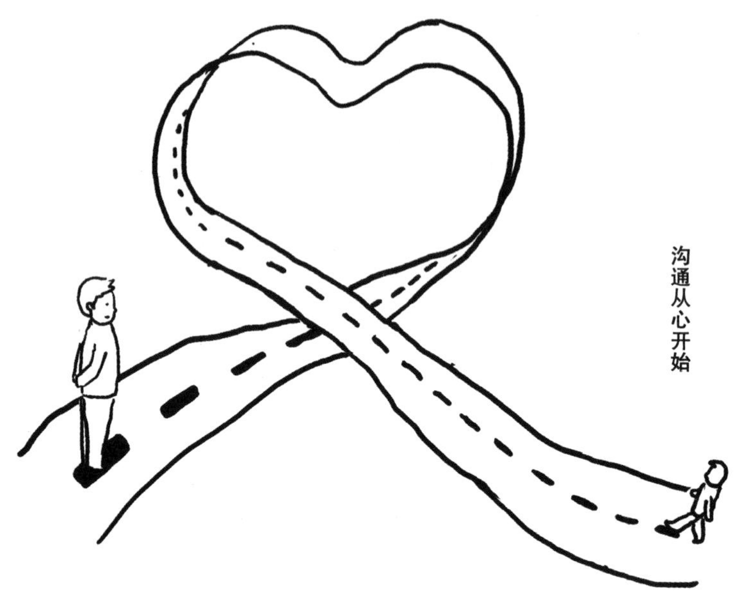
沟通从心开始

知彼解己

一个朋友跟我说："我男朋友经常会因为工作忙而忽略我，我非常生气。有时候要生气好几天才会理解他，这对他工作也有影响了。但是我理解他的时候，他就对工作充满了激情，所以更加有动力工作了，不过工作忙时又会忽略我，我就又会开始生气，然后又影响他的工作了，如此反复。"

我听了这个问题后问她："你期望男朋友怎样做呢？"

她说："我想他理解我。"

我又问："那么，你觉得你理解他了吗？"

她说："生气的时候不理解，但后来自己也慢慢消化了，不跟他计较了。"

我就回应她："你是被动消气，不是主动理解。你对他的看法没改变啊！”

她听完后愣住了，显然她从来没有留意自己的想法。

人际关系出现问题，往往是其中有人的需求未被满足。

这时需要发挥理解的作用——用同理心来化解。

我们都渴望被人理解。

很多人其实要求的不多，就是想听到身边的人一句理解、认可的话。

生活中能碰到理解你的人最好，如果碰不到怎么办呢？——你可以主动去理解别人！

也许有人会想：那不是很吃亏吗？

不！那反而说明你掌握了生活的主动权。正如一篇人生忠告中所说的：如果你的电话铃总是不响，那么你就应该主动打出去。

《高效能人士的七个习惯》中有一个习惯叫作：知彼解己。其定义如下：

先了解对方，再让对方了解自己。

这里面表达的沟通的原则是：要先设身处地地聆听及彻底了解对方的话，让对方先感到被了解，然后再表达自己的想法，让对方了解自己。

收到！

我理解你！

换位思考

阿海与同事沟通有很多障碍，很多同事都向他的上司阿克投诉。但是阿海自己不觉得沟通有问题。阿克是一位教练型的领导，他用教练的方式跟阿海对话。

阿克："阿海，平时工作中与你配合得最好的三个人是谁？"

阿海："阿花、阿虎、阿贵。"

阿克："那么，站在他们三人的角度来看，你是不是配合的人呢？"

阿海愣住，想了想说："不是。"

阿克："他们心中配合最好的人是谁呢。"

阿海回答了另外几个同事的名字。这时阿海已经有所触动。

阿克又问："你觉得别人跟你配合得不好的有哪些地方呢？"

阿海讲了很多。

阿克再问：“他们配合不好的地方，你身上有没有呢？”

阿海又愣住了。看得出这时他的触动更大。

阿克的几个问题让阿海很受触动，通过换位思考，用他人的角度让阿海看到自己沟通的差距，从而发自内心产生了迁善的动力。

我们习惯于从自己固有的角度看问题。

离开自己的位置，也就意味着离开了自己思维的框框。

当我们站到别人的角度，用别人的眼光来看待事物时，往往会得出全新的结论——这些新结论会带来突破自我的新机会。

位置决定思维

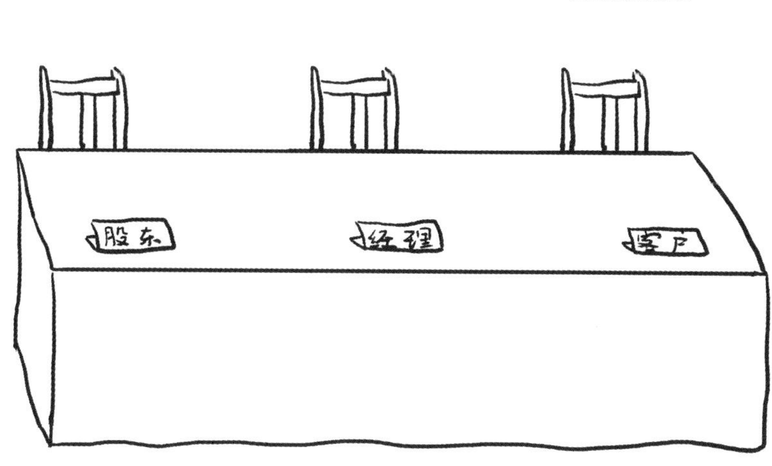

语言的魅力

好言一句三冬暖，恶语伤人六月寒。

——《增广贤文》

在繁华的巴黎大街的街头，有一位年老的盲人在乞讨。他的身边立着一块牌子，上面写着：我什么也看不见！但是没有人帮助他。后来，法国著名诗人让·彼浩勒在牌子上添加了“春天到了，可是”几个字，变成了“春天到了，可是我什么也看不见！”

这句话变得打动人心、富有诗意了。结果，巴黎街头的行人变了，他们从开始对老人冷漠无情到后来热情相助，老人获得帮助后从心底漾出了喜悦之情。

一句话，几个字，有效引发了路人的助人之心，这就是语言的力量。

语言是诗人的利器，同时也是教练对话的有效工具。

曾国藩带领的湘军曾在太平军手下吃了几个败仗。

于是曾国藩写求救信向朝廷要救兵。师爷看到书信中“屡战屡败”四个字时，告诉曾国藩，这样写是要不到救兵的，因为没有人愿意做投资必输的生意。

曾国藩问师爷：“那怎么办呢？”

师爷说：“只需要改成‘屡败屡战’就可以了。”

两个字的位置一经调换，效果大不同——从原来给人“失败者”的感觉，转变为“坚持者”的感觉，果然向朝廷要来了救兵。

重视语言并非单纯不变地说好话，而是要恰到好处地说到人们的心里去。

语言往往代表我们的想法。

改变语言就是改变想法。

改变想法就会改变生活。

诗人用语言带来春天

最难沟通的人

阿志对教练说："我觉得阿宾很难沟通。"

教练问："何从说起？"

阿志："我请他来为我的团队做一场训练。团队邀请他做完训练后再给管理工作多做一些指点，因为他以前做过类似的管理工作，很有经验，没想到他拒绝了。"

教练："你请他来的时候，是否跟他说好除了训练还要指点你们的管理？"

阿志："那倒没有。"

教练："那他干吗不可以拒绝呢？"

阿志："不是不可以拒绝，只是我觉得他难以沟通。"

教练："你是否觉得他答应你的要求才算好沟通，不答应就是难沟通？”

阿志：“好像是这样。”

教练：“所以不是他难以沟通，是你自己难以沟通！”

阿志：“教练，怎么讲？”

教练：“你没跟自己沟通好，所以就跟他沟通不好！”

阿志：“哦，能不能说具体点？”

教练：“你现在跟自己的沟通是，‘指点我公司的管理是他应该做的’，对吧？”

阿志：“可以这样说。”

教练：“如果你能改成‘他能帮我做我很感恩，不做我也接纳’，以这样的心态，我猜你跟他的沟通有机会改善。”

我们之所以跟别人沟通不好，往往是因为没跟自己沟通好。我们的自我沟通决定着与他人的沟通。

最重要的沟通对象是我们自己，最难沟通的人也是我们自己。因为所有的行动都要先过自己这道关卡。

很多时候我们容易走进一个误区，把自己对别人的额外要求或期望当成是别人应该做的：是朋友就应该借钱给我，是父母就应该为我买车买房，是老板就应该给我加薪……

其实，这个世界并不欠我们的。反而，我们欠这个世界很多——我们从赤条条来到世间到今天拥有的一切，都是世间众生给我们的。

用讨债的心只会讨到烦恼。

用感恩的心更能得到帮助。

讨债讨债，讨来的都是债；感恩感恩，感来的全是恩。

生活化教练

好的教练是生活化的教练。

换句话说，是教练对方于无形。

有一个教练，在教练一个外地客户时，用了很多方式，都无法成功。

后来有一次，他改变了做法。他邀请这个客户到他所在的城市去。去了之后，客户的态度明显改变，而且在后面的教练过程中也有显著的进步。

这个教练后来总结原因，觉得他做得有效的部分是：

一、专门安排人到机场接送客户。

二、邀请客户到家里喝啤酒，开放地交流，而不只是按照通常的教练方式和流程进行。

三、充分聆听客户的想法，了解他内心真实的感受。

四、让客户可以发挥自己的强项。之前，教练总是指出他的短板。而这回教练用另一种方式进行教练，即生活化的教练。

俗话说，功夫在诗外。

这个教练成功的地方在于有效建立了跟对方的信任关系。

因为，关系其实比教练的技巧更重要!

生活化的教练是最好的教练

教学相长

阿璇跟我分享了她在生活中如何运用教练的心得。

最近阿璇在学开车，可是她的技术不是很好，而且教她的教练脾气非常暴躁，动不动就骂她。教练越骂她，她就学得越不好。

为此，阿璇一度想放弃，不想学了。

但是阿璇做了自我教练：我是为自己而不是为教练学开车的。我的目标不该因为教练的态度而改变、放弃。

在一次倒车练习中，阿璇反反复复练习了很多次效果都不好，他的教练又对她发了脾气。

可是，这次阿璇问了教练一句话："教练，你是想骂我呢，还是想让我学好开车呢？”

就这简单的一个区分，她的教练当时就愣在了那里，然后很不好意思地笑了。很显然他自己平时没有意识到这一点。

教练后来明显留意了自己的态度——少发脾气了，取而代之的是更耐心地传授。阿璇也很快就学会开车了。

阿璇跟我分享这段经历的时候，她的表情是很开心的，我想她不仅是为学会开车而高兴，而且因为她也帮助这位教练看清了自己的教学模式。

教练教会了阿璇开车，而阿璇则教会了对方清晰目标、管理情绪。

这正是教学相长，相得益彰。

先生，开车有情绪
是很危险的

有效发问

有时候，在管理中，提出问题比直接给予答案更有效。

有一位上海的管理者跟我分享了她的案例。

上周三，有个同事打电话问我某个项目是否要做。

我问："你觉得呢？"

她回答了她的想法，她说有两个选择。

我再问："那你觉得选择哪一个更好？"

她也回答了。其实她的答案我也觉得挺好。

但我还是继续问她："选这个的理由是什么？"

她说了一些理由。

我还是运用发问："其实你已经很清楚答案了，你还来问我是为什么呢？”

她想了想说：“怕做错了。”

我继续问：“怕做错背后的原因是？”

她很不好意思地回答：“怕承担责任。”

于是事情就解决了。其实过程中我没有给她任何答案，但我感觉比给她答案的效果还好。

在我看来，这个案例不仅解决了事情，还有一个隐性的作用，让对方洞察到自己处理事情背后的模式。

而有这样的觉察，就是成长的开始。

提出问题比直接给答案更有效

性格的力量

阿吉："教练，我喜欢用自己的模式去做事，这样好不好？"

教练："好不好我没有标准答案。问题是你这样的模式有多少时候帮到你，又有多少时候制约你的发展？"

阿吉："其实我知道这种模式有时是不好的，但这跟人的性格有关，很难改的。"

教练："你有没有发现——性格是你最好的一个借口，你刚生下来是一个婴儿的时候就是这样子吗？"

阿吉："当然不是。教练，我的性格能改变吗？"

教练："性格能不能改变是科学家要探讨的问题，而如何运用好你的性格是你自己要考虑的问题。"

性格决定命运。

我们的性格决定我们拥有怎样的人生道路。

性格本身没有好坏，只有当我们把它跟目标挂钩的时候才有好坏之分。中国有句古话：成也萧何，败也萧何。性格可以是动力，也可以是阻力。

而我们可以选择的，就是正面运用自己的性格。

性格是一种看不见的力量，牵引你的人生轨迹

PART 6

掌舵梦想之船

《第五项修炼》中说，人的自我超越被两种力量左右：一种是趋向目标的创造性张力，一种是安于现状的情绪张力。

从这个意义上来说，梦想是无价的。

梦想的价值在于：一方面，它将我们送往目标的美好彼岸；另一方面，它使我们避免掉入惰性的无底深渊。

反应与选择

教练是一份很有价值的工作。

教练的其中一个价值就是：帮助被教练者从被动的自动化反应转换到主动的目标导向选择。

比如说，有人骂你，一般的反应就是你也骂他。这是常见的自动化反应。

那么，我们就来探究一下：是不是有人骂你，你一定要反骂他呢？

答案是：不一定。

有人骂你，你可以选择不理他、理解他、跟他沟通、教育他、感召他，甚至可以选择欣赏他、爱他。当然，你也可以选择回骂他，乃至选择打他。总之，有无限可能性。

如何选择你的反应，要看你的目标是什么，你要做出对目标最有效的选择！

如果我们受制于自己的自动化反应，那么，我们其实是没有真正自主命运的。

阿杰是个工程师，他跟我分享了一个故事：

> 以前，我在一家公司担任主控工程师职位，跟公司的技术总监一起操作设备时，技术总监命令我做一些违规操作。但是我很清楚，违规操作有可能会出现安全隐患，于是就断然拒绝。结果技术总监不高兴了，开始用职位来压我："我是技术总监，我说什么你就做，你不做，我可以现在就让你下岗！"当时我火冒三丈，拿起笔摔在桌上，丢下一句："走就走！"转身就离开了房间。（注：这个表现就是对外界刺激的自动化反应。）
>
> 不过我走出房间后，内心有了一次自我对话：自己来到这里是为了干好工作和提升自己的，他让我走我就走，难道我的命运要他说了算吗？
>
> 基于这个目标，当时我转身回到房间跟技术总监说："我要在这里工作，但是我不会选择违规操作，如果你想让我走，请你让董事长通知我！"技术总监最

后也考虑清楚了，没有再违规操作。

这就是基于目标而做出的选择。

如何把“自动化反应”有效转换为“目标导向的选择”呢？

关键就在于我们要具备自我觉察的能力，就如故事中阿杰走出房间那一刻的自我对话。

而帮助对方自我觉察，正是教练的重要工作！

不做牵线木偶随别人的动作起舞

锁定目标

“你到底要什么？”

这是很简单的一句话。

可是，有的时候，就是这句简单的问话，却具有很大的启发性！因为很多时候连我们自己也未必知道自己要什么。

有一位培训师和一个合作伙伴搭档一起讲课，因为在分工上培训师做黑脸而搭档做白脸，所以学员大多比较喜欢他的搭档，把掌声与喝彩给了搭档。这位培训师心里面就有了些不平衡：为什么我付出那么多，却得不到认可呢？

这位培训师想不明白，过不了自己这一关。于是他打电话找到自己的教练，向教练述说了自己的苦恼和困惑。

教练听完以后问他："你们一起讲课的目的是什么？"

培训师回答："当然是为了培训效果更好，让学员有更大的收获！"

教练又问他："那么在"培训效果"和"被学员认可"之间，你到底要什么？"

一下子，这位培训师怔住了，他那一瞬间清晰了自己真正要的是能支持学员，既然如此，又何必在乎是不是被认可、被崇拜呢？想通了这一点，他再与搭档相处起来就轻松豁达多啦！

"你到底要什么？"

这句话确实简单，但也非常不简单。

功课与练习

一

“功课”的“功”字是一个“工”加一个“力”,我的演绎是:像工人一样老老实实下力气去做，来不得半点虚假、投机取巧;功到自然成，用了功才会有真功夫。这就是人们常说的“工匠精神”。

“功课”的“课”字是一个“言”加一个“果”,我的演绎是:要把语言变成成果，把知道变成做到。

做功课就是知行合一，从行到果的过程。

“学”是知道的过程，比如我们通过学习知道如何举重。

“行”是做到的过程，比如我们知道了举重的方法，还要通过行动把杠铃举起来。

“练习”就是反复举杠铃——能够一次举起杠铃并不等于就可以练出结实的肌肉。

不断练习是从“菜鸟”到“高手”的必经之路。

二

贝拉·佩谢在TED（美国一家私有非营利机构）演讲中作为演讲者列举了毁灭梦想的五个方法：

1. 相信一夜成功；
2. 相信别人有你需要的答案；
3. 在一时的成功面前止步；
4. 相信错误永远是别人的；
5. 相信只有梦想本身才是最重要的。

这个时代有太多人想要一劳永逸、一夜成名、一鸣惊人。

对照一下自己，你占了几条？

呼应贝拉·佩谢的“毁灭梦想的五个方法”，我总结出“成就梦想的五个心法”：

1. 成功无捷径；
2. 别人可指路，走路靠自己；

3. 目标可达到，超越无止境；

4. 失败是成功之母，反省是成功之父；

5. 成功不仅在目的地，也在旅途中。

其实，一步一个脚印走好人生每一步的态度，是我们都要修习的一门重要功课。

反复练习，知行合一

习与惯

学习就是做自己没做到的事。

改变就是做自己不习惯的事。

突破就是做自己不愿意做的事。

上面这三句话我看到很多文章都在引用。这几句话是多年前一位学习企业教练的学员在课堂上总结出来的。

当时他的教练还帮他加了一句：成功就是做到你想要做的事。

这四句话是关联的，要想成功，就需要做你没做到的、不愿意做的、不习惯的事。

专业的教练往往不只是一两次的对话，更是一个持续跟进、推动的过程。

现在的人们已不满足于一堂简单的课程的学习方式，更要求学以致用、用出结果。大家也在不断地提出学习要落地。其实，教练的跟进就是学习落地有效的方式。

教练通过持续跟进帮助被教练者不断调整心态，更重要的是养成新习惯。

我们的习惯决定我们如何活。

学习的理论说，学习有四个不同的层面：

一是无意识无能力——没有意识到自己欠缺什么能力；

二是有意识无能力——意识到自己欠缺的能力，但只是意识到，并不具备；

三是有意识有能力——意识到并且也具备这样的能力；

四是无意识有能力——没有意识到但已具备这样的能力。这时候，能力已经成为自己的习惯或者本能。

习与惯，先“练习”，然后成为“惯常的状态”。我们原来的习惯也是很多年训练自己的结果，养成新习惯，同样应该如此。不断地练习、锻炼，你就会逐步开始适应，并逐步觉得自然，成为无意识的行为。而这些无意识的行为往往比有意识的行为更能在关键时刻帮助你。

经常开车的人会有这样的经验，有时碰到一些紧急情况，已来不及思考、判断，而是靠一些下意识的反应帮助自己做出决定。

学习就像练轻功——先绑上沙袋、铁球，负重跑。“习”得多了，自然就“惯”了。最终，“草上飞”“水上漂”的功夫就出来了！

人生跷跷板

有一位诗人写过这样的诗句：

我想做个好学生，
可是闹钟总是不响。
我想做个好丈夫，
可是红肠总是卖光。

从教练的角度来看，这是在把环境因素当作借口。
而且，如果你有时间找借口，就没时间找方法。

人生就是一个公平的跷跷板，每一个选择都会撬动一个相应的结果。

比如，没时间养生就有时间养医生，没时间培养员工就有时间去挖人才，没时间教育孩子就有时间为孩子的错误埋单。

很多人在遇到压力和挑战时，会有逃避问题的倾向。教练往往会关闭对方的后门，这个时候他就只能去面对。

面对才能产生学习，学习才能产生方法。

这符合哈佛领导力专家隆纳·海菲兹所阐述的调适性领导的原则：关闭逃避的通道，就会激发学习的产生。

基于这个原则，借口和方法也构成一个此消彼长的跷跷板——你喜欢目标，方法就会越来越多；你喜欢放弃，借口就会越来越多。

如果你决心成就目标，你会找到一千种方法；如果你想要放弃，你只需要一个放弃的借口。

放下借口，就找到方法

陪与赔

教练问阿龙："你的企业目标做得怎样了？"

阿龙："最近太忙了，经常有朋友来找我，我要去陪，喝酒、唱歌、闲聊，一陪就是好几天。其实我很不愿意，我公司里还有好多事，家里人也没时间照顾。感觉很累。"

教练："不愿意陪为什么还要去陪？"

阿龙："为了朋友的情面。"

教练："那是你的情面重要还是企业的目标重要？"

阿龙："当然是企业的目标重要，但陪客人有时也有生意机会。"

教练："有多大机会？"

阿龙："其实也不太大。"

教练："如果你为了陪朋友而赔上企业的目标，赔上照顾家人的时间，值不值得呢？”

阿龙：“对。其实我还是为了面子。”

教练：“把你的企业做大做强你会不会更有面子？”

阿龙：“会。”

教练：“所以，你到底应该陪谁呢？陪朋友、陪家人，还是‘陪’企业目标？”

阿龙：“当然是企业的目标。我知道了。”

教练：“等等，其实朋友也是可以陪的。”

阿龙：“教练，你的意思是？”

教练：“朋友也是生活的一部分，我想说，朋友并不是不可以陪。”

阿龙：“是啊，我也觉得做人不能只盯着赚钱吧。”

教练：“只是，陪朋友的方式只有陪他们喝酒和唱歌吗？”

阿龙：“呃……”

教练：“有没有别的方式呢？”

阿龙：“我要好好想……我明白了，我可以陪他们成长，陪他们实现梦想。”

教练：“那你可以怎么做呢？”

阿龙：“我可以邀请他们参观我的企业，也可以带上家人跟他们一起交流。”

陪朋友玩未必等于有面子，不陪朋友玩也未必得不到面子。

其实，朋友也值得去陪，关键是怎样“陪”才能“陪”出价值。

懂得陪，就会赚。

不会陪，就要赔。

南辕为何北辙?

从前有个人，他要从魏国到楚国去。楚国在魏国的南面，可这个人却让车夫向北走。路上有人问他往哪儿去，他回答:“去楚国!”路人告诉他:“到楚国应往南方，你方向不对。”那人满不在乎:“没关系，我的马快!”路人替他着急，阻止他说:“方向错了，你的马再快，也到不了楚国呀!”那人依然不醒悟:“不打紧，我的路费多!”路人劝阻说:“你走的不是那个方向，路费多也是白花呀!”那个固执的人不耐烦地说:“这有什么难的，我的车夫本领高!”路人无奈，只好眼睁睁看着那个盲目的人走了。

南辕北辙的故事我们小学就学过。我们一定都笑话过这个人太固执、太自以为是。其实，我们在生活中也常常在做同样的事。

阿花对教练说："我跟老公关系不好，因为老公不爱孩子。"

教练："那怎么样呢？"

阿花："所以我不开心。"

教练："那你做了什么？"

阿花："我也没做什么，也没说什么，只是不给他好脸色。"

教练问："这样有多长时间了？"

阿花："八年了。"

教练："结果怎样？"

阿花："还是老样子。他和我的关系也越来越不好，说我老是板着脸。"

教练："你虽然没说什么，但是在用你的脸色无声地控诉他，惩罚他。"

阿花："是的。我也很无奈。"

教练："你是想惩罚他还是想他爱孩子呢？"

阿花："当然想他爱孩子。"

教练："你要怎么做他才会更加爱孩子？"

阿花："我要多跟他沟通。"

教练："你想他爱孩子，但你没有用爱来对他啊！"

阿花："其实我是爱他的，可能是我的方式不对。"

教练：“你能板着脸八年，说明你很坚持啊，问题是你的坚持用错了地方。”

很多的夫妻相处中，妻子明明是想对丈夫好的，但是表现出来的却是另外一套了。最常见的就是一些妻子心里明明很想丈夫早点回家陪伴自己，但是真的等到丈夫回来后，她们却埋怨唠叨，长此以往，丈夫就越来越不喜欢回家了。

所以，我们的行为往往和目标是不匹配的，甚至会背离目标。

而教练的作用就是通过调整对方心态进而调整对方的行为，支持对方的行为与目标保持一致——南辕应当南辙。

上路之前，先看清要去哪里

承诺与恐惧

在一次心态训练中，学员阿芳第一个上台跟教练对话。

阿芳："教练，我现在站在台上心里非常紧张。"

教练："紧张什么？"

阿芳："因为我不敢站上这个舞台。"

教练："你说你不敢，但实际上你是第一个站上台的啊。"

阿芳："因为这是我的一个承诺。"

教练："你承诺了什么？"

阿芳："我承诺要突破自己，要勇敢上台。我来之前就跟自己说要坐在第一排，第一个站上台发言。"

教练："现在你也确实做到了，兑现了自己的承诺。"

阿芳："是的，我也挺开心的。"

教练：“恭喜你！那么，你从中学到什么呢？”

阿芳：“我还没想太多。”

教练：“其实，这说明你的承诺比你的恐惧更重要，当你把承诺看得比恐惧更重要的时候，恐惧就阻碍不了你了。”

如果你把承诺看得足够重要，就会减少其他的干扰。

每一天，我们会听到内心承诺的声音，也能听到内心恐惧的声音——恐惧失败、恐惧丢脸等等。

就看你选择倾听哪一个声音的召唤。

救火老板

阿军："教练，我的公司最近业绩下滑了很多，不知道该怎么解决。"

教练："业绩下滑的原因是什么？"

阿军："公司业绩一直靠我支撑，最近我忙一个新项目，业绩就下滑了。"

教练："除了你，公司还有多少人做业务呢？"

阿军："还有九个人，但他们都不行。"

教练："他们跟了你多久了？"

阿军："长的有五六年了，短的也有一年了。"

教练："你平时怎样培养他们的呢？"

阿军："培养得比较少，我把比较多的时间用在陪客户上了。"

教练："那么你是业务专家，不是用人的专家。"

阿军："是的，教练，我目前就是这个状况。"

教练："假如那九个人都具备和你一样的业务能力，企业会怎样？"

阿军："那就太好了，肯定比现在强很多。"

教练："如何才能让他们跟你一样强呢？"

阿军："需要培养他们，也需要多一些工作中的实践锻炼——我也是在实践中练出来的。但我想让他们去做，又怕他们搞砸。"

教练："你的员工没成长，因为你不愿意付这笔学费。"

阿军："是的，可能我在用人上比较保守。"

教练："那么，员工们会有什么感觉呢？"

阿军："感觉什么都靠我，他们自己没舞台。"

教练："他们英雄无用武之地，而你则天天忙于救火。"

阿军："是的，公司现状就是这样的。"

教练："你自己成长的过程有没有搞砸过？"

阿军："其实也有，也付了不少学费。我明白了，我想是该放手一搏的时候了，让他们多发挥点，否则我没法做新项目。

教练："你不怕他们把你的业务给搞砸？"

阿军："用人不疑，疑人不用，就算付出一些代价我也愿意!"

教练："那你如何才能在业务上做好，人才培养方面也同时做好呢？

阿军："我做业务时带上他们，让他们在旁边学，然后总结。我要手把手不保留地带他们，要授权给他们，相信他们。"

教练：“你下决心了吗？”

阿军：“我下决心了，让他们发挥自己的潜能，谢谢教练。”

公司领导的工作是预防而不是救火，是用好人而不只是评判人。

工作的实践是很好的老师，也是培养人才的重要课堂。

不培养人才就会成为『救火队员』

直接与委婉

客户：“刚才我看到教练和同学面对面很直接地沟通，我很有启发。我觉得把这种沟通方式运用到企业中将会有很好的效果，但是我又很担心这样下去会不和谐。”

教练：“其实你担心的是什么？”

客户：“我担心我们会吵起来。”

教练：“你把我们刚才的沟通看成吵架了。”

客户：“呵呵，有点像。”

教练：“那只是你的演绎，直接沟通不等于吵架。”

客户：“就像教练刚才和同学对话的那种方式，我担心那个同学会受不了。”

教练：“你是杞人忧天。他自己都没事，你担心什么！你是否听说过‘君子和而不同’这句话？”

客户：“听说过，君子之间允许有不同的意见。可能我自己是害怕冲突的性格。”

教练：“社会上有没有说话直接、尖锐的人？”

客户：“当然有。”

教练：“如果他连我这样的话都受不了，那他如何面对社会上的人？”

客户：“我知道这种方式是有效的，我担心的是如果我用了这种方式，会不会对团队有影响。”

教练：“当然会有影响。说话直接会有直接的影响，说话委婉会有委婉的影响。就看你想要哪一种影响。”

客户：“可能是我太过在意别人对自己的看法，经过这一次学习之后，我要变成一个说话直接的人。”

教练：“但也要注意不要矫枉过正，直接有直接的好处，委婉也有委婉的好处。”

客户：“教练，你的意思是？”

教练：“不需要用一种方式否定另一种方式。每一种方式都有自己适用的场景——该直接的时候就直接，该委婉的时候就委婉。运用得当，两样都可以是有效的沟通方式。”

客户：“您这样说我就清晰多了。但是怎么判别什么时候该直接，什么时候该委婉呢？”

教练：“就看你的目标是什么。”

客户：“这回我真明白了。”

君子和而不同

后　记

对于自己，教练是成就力；

对于他人，教练是影响力；

对于团队，教练是领导力。

教练是一门专业，需要学习和锻炼才能掌握。

同时，教练其实也是每个人的事，教练的智慧无处不在。

每个人都需要教练——每个人都需要从教练那里得到激励和反馈，更好地认知自己与迁善自我。

每个人也都可以成为教练——能帮助他人成就梦想，就是教练。

正如“领导学之父”沃伦·本尼斯所说：“就像成为一个医生或诗人并不容易一样，成为一个领导者也不容易。那些声称成为领导者很容易的人，完全是在欺骗自己。但是，学会领导要比我们大多数人想象的容易得多。因为我们每个人都具备领导潜力。”

新版《教练的智慧》能圆满成书出版，需要感谢书里书外所有的有缘人：

感谢贡献案例的客户——你们的信任是我发挥的基础，你们的成长与收获也是我努力工作的动力源泉；

感谢教育、指导过我的老师——你们的引路，是我生命中最好的礼物；

感谢推动教练行业发展的同行——你们的工作让教练变得更专业、更有影响力；

还要感谢本书的编辑、发行人员——你们的工作让教练文化传播得更远；

感谢每一位有心的读者——你阅读的过程，同时也是创造的过程。

特别感谢卿珂继《对话的艺术》系列之后再次为我的书绘制漫画，使本书得以增添另一道风景、另一种内涵与趣味。

感谢我的助手佘杰为本书所付出的努力！

最后，愿《教练的智慧》能让你更有智慧地生活！

黄俊华